U0069950

我們與自己的距離

如何認識你自己

韓玲玲 著

目錄

前言

寫給使用本書的人

古希臘哲學家亞里斯多德（Aristotle, 384–322）曾說過：

「哲學的開端，始於好奇。」

「好奇」是學習的開始，幼兒對一切事務都好奇，在勇於探索中學習與成長。當外在事務已了然於胸之後，眼光也開始朝向自己的內在，想要知道鏡中這個熟悉的身影，其內在到底如何。

這本書就是寫給渴望認識與了解自己的人，可能是十五歲的青少年，也可能是經歷過世事磨練後想回歸內在生命的人。我在長期的自我認識的過程中特別體會到，對自我的認識愈早愈好，這一點可以在我帶領一些工作坊的學員回饋中得知。有些人說：

「如果我能夠早一點知道自己的情況，我就可以調整我的個性、情緒，這樣我和朋友、配偶、父母、兒女之間，就可以減少很多衝突。」

的確，我們可以有機會縫合破裂的情感，但也有些時候可能來不及，空留遺恨。不過，不管過去如何，只要現在開始，就是好的。自我認識永遠不受年齡的限制。

這本書的主旨就是「**自我認識**」，其中講到很多基本概念，包含了人本、心理、社會等各種學科範疇。本書的重點在於**「如何做」(how)，而不是理論(what)的探討與研究**。內容深入淺出，可以為「自我認識」打下一個基礎，如果要進一步更深入地認識自己，自己就需要再做更進一步的努力。

另外，很多人喜歡做心理測驗，想要透過測驗了解自己。這些心理測驗非常多元，有些在網路上就可以直接進行測驗，所以本書沒有包含這些心理測驗。

容我再重述一次，「自我認識」這件事，愈早進行愈好。十五、十六歲的年輕人，因為有些生命經驗尚未開始，可能只會覺得書中有些活動好玩而已。不過，這些課程活動的經驗會留在此刻的生命之中；日後，當自己碰到生命的困頓時刻，這些經驗就有可能指引自己如何去尋找生命的出路。

此外，希望這本書也可以幫助那些早期生命經驗處在黑暗之中的青少年，讓他們能夠在課程當中學習如何揮別過去的黑暗，發現到自己的生命中仍然擁有的光明力量，而重新界定自己，讓自己成為一個更好的人。

謹以此書感謝曾經幫助我調整和扭轉生命方向的師長、輔導，以及分享彼此生命經驗的朋友們，因著他們直接或間接的幫助，自己才得以成為今日的「我」。

韓玲玲

第一章

「人」的基本概念

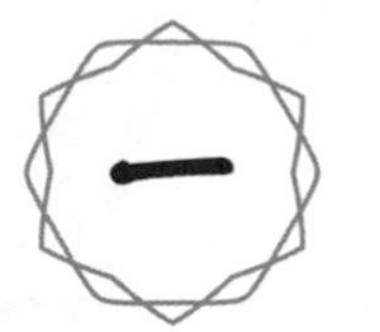

一　基本概念

1 人是身、心、靈合一的存在

人是由**身體**、**心理**和**靈性**三者融合而成，缺一不可。

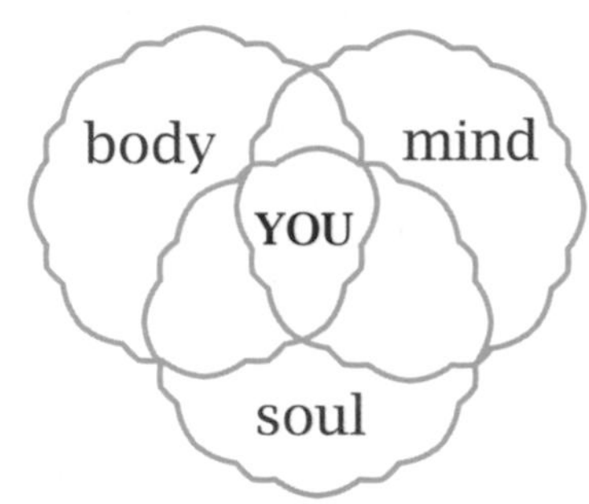

身：外在有形可見者

從外觀來看，人有頭、頸、胸、腰、臀、手、足等等，這些用我們的肉眼可以看得見的身體，也可以透過我們的觸覺去感受到它的存在。此外，醫學的發展，也讓我們逐漸了解到在我們的身體內部的各種精密器官，例如腦、心臟、血管、骨頭、神經元等等。

心：內在可感知者

內在心理的運作比外在有形可見的身體較為隱密，當事人自己可以覺知，例如開心、憤怒，或是口渴、肚子餓。其他人只能夠透過外顯的現象來發現當事人的心理反應，例如，看到當事人臉紅了起來，就可以猜測當事人可能在害羞等等。

有些內在心理的運作則更為隱密，甚至連當事人自己也難以察覺，需要透過別人的引導或是心理專家的協助。例如，有些人晚上睡覺時，常會做相同的夢，甚至噩夢，這時候就需要別人的引導協助。

靈：難以觸及卻實在的精神存在者

「靈」是指內在的精神體，看不見、摸不著，卻又深深的影響人的生命狀態。靈性的運作多半見於藝術、音樂等人文發展中，讓人內心有所神往；或是透過宗教性的體驗，使人感受到精神的提升狀態。

譬如，人在忙碌的生活中，如果能獲得短暫的心靈休憩，聽一首悅耳的音樂，或是回歸心靈，靜坐一會兒，將會使人心靈舒暢，感到愉悅。當心靈充完電之後，就可以繼續進行之前的工作，否則可能會因為心靈感到枯竭，讓人失去動力。

2 人是不可分割的整體狀態，應在統整中成長，不可偏頗

人有許多的器官構造，例如眼睛、舌頭、心臟、骨頭、胃、腸、手、足等，從外觀來看，這些器官看似是個別獨立的存在，但事實上，這些器官構造彼此之間緊密相連，所謂牽一髮而動全身。這是人的身體狀態。

人的內心狀態與身體之間也是一個整體。例如，當人長期處在緊張忙碌的情況中，很容易罹患胃潰瘍之類的疾病。胃部潰瘍雖屬器官的疾病，但是人的內心也會因此感到心情沉悶、低落等情緒。

當人有身體的疾病，心情也處在沉悶低落的狀態時，人的內在很容易產生惶惶不可終日的現象。

反過來說，人的內在長期處在惶惑不安的狀態下，也會引起情緒的波動，進而引發疾病。因此，現代醫學也開始注意身心靈三者之間的關聯，並給予整體性的治療。

為此，人在成長的過程中，應該整合性的朝以下三方面來培養：

1. 注意飲食調理，作息穩定，適度運動，
   增強身體的健康。
2. 正確疏導情緒，促進心情愉快，
   增加心理的穩定度。
3. 注意靈性的培養與妥善的發展，
   強化心靈的安適。

唯有身心靈三者平衡的成長，才能幫助人成為真正有益於家庭、社會的中堅分子，社會也因此能夠真正的安定富足。

1
注意飲食
作息穩定
適度運動
讓自己的身體更健康

正確疏導情緒
促進心情愉快
2
增加心理的穩定度

3
注意靈性的培養
與妥善的發展
強化心靈的安適

3 人的成長模式：循序漸進

胚胎的成長，是從受精卵開始，然後逐漸分裂，形成人體的各項器官和構造，直到孕期完整後誕生，再經由良好的養育，逐年成長。

德裔美籍心理學家艾瑞克森（E. H. Erikson, 1902–1994）針對人的成長過程，指出人從嬰兒期到老年期，一共有八個發展階段，每一個階段都有很重要的發展任務。

在每一個階段中，如果發展良好，人可以正向成長；如果發展不好，會造成所謂的發展危機。這也是一個循序漸進的成長過程，不可能跳躍過某一個生長期程。人在任何一個成長的過程中都需要妥善的引導和培養，才能夠在最好的情境中學習和成長。

4 人有層次性：向上提升的渴求

人的成長有一定的過程，人的內在狀態也有不同的層次需求。美國心理學家馬斯洛（Abraham H. Maslow, 1908–1970）的「**需求層次理論**」中，提出人的幾大類需求：

心理學家馬斯洛
（A. H. Maslow, 1908–1970）

5 self-actualization
自我實現的需求

4 self-esteem
尊重的需求

3 social belonging
歸屬的需求

2 safety needs
安全的需求

1 physiological needs
生理的需求

馬斯洛的「需求層次理論」

「**靈性需求**」是馬斯洛在過世前一年（1969年）才提出來的需求。人在完成一項需求後，會往更高層次的需求邁進。例如，張先生需要努力工作、賺取金錢，來讓自己飲食不缺。之後，他想要擁有一間可以擋風雨的房屋，讓他可以向交往已久的李小姐求婚。張先生和李小姐結婚之後，在美滿的婚姻生活中，張先生更加努力地工作，他的努力與盡責，獲得了長官的賞識和工作同仁的肯定，因此很快就獲得升遷。在這樣美好的生活中，張先生非常感謝上天的庇佑。這是一個典型的直線式需求理論，從生理需求到靈性需求，一層層地往上攀升。

但是，很多時候**各種需求會相互地交叉影響**。譬如，人在生病的時候，更容易想念家人，這是生理需求和歸屬需求的交相影響。又例如，當一個人備嘗辛苦，完成了自己的理想時，他的內心可能希望有親朋好友可以分享成果；同時，他在感到自我實現的滿足時，卻因為過程中沒有進食而感到飢腸轆轆，這是自我實現的需求、歸屬需求、生理需求相互影響的現象。

因此，需求理論有可能直線攀升，也可能迂迴進展，不論如何，人的內心總有向上提升的自然渴求。

二 培育的主體：人

「**培育**」兩個字是用在「人」上面，如果是針對人以外的動物，就會說是「**訓練**」。

人的內在非常豐富，從理性的思維到感性的拓展、從左腦的訓練到右腦的啟發、從理論的建構到行動的規範、從感官的經驗到生命的統合，都蘊含著廣闊的培育內涵。

因此在培育人的時候，特別是培育成長中的學子，需要**給予多元性的引導和開發**。所以在規劃課程內容時，就需要注意以下各項目標：

1. 課程內容應是多元智慧（Multiple Intelligences）的**平衡學習**
2. 課程的重點應是培養學生符合職場的需要，提升學生的社會競爭力和就業力。
3. 課程內容也要讓學生了解，人在培育的過程中，除了充實自己的專業知識，也應該讓學子是一個懂得生活、身心靈平衡的快樂人。

三 課程的規劃與設計

人的內在生命非常豐富，因此在生命層次的培育中，更需要足夠的寬度、廣度和深度，這是每個人一輩子都要學習的課題。

因此，本課程的規劃與設計方針，包含以下四個層面：

1. 探討學術層次的理論
2. 設計相關的實踐活動
3. 建構優良適性的環境
4. 陶冶人格與靈性發展

希望在這個基本理念下所規劃出來的課程，能夠幫助同學們學習如何認識自己，更能在自我認識下，開展自我探索的旅程。

小活動

我的蛻變痕跡

初生的我

幼稚園的我

小活動

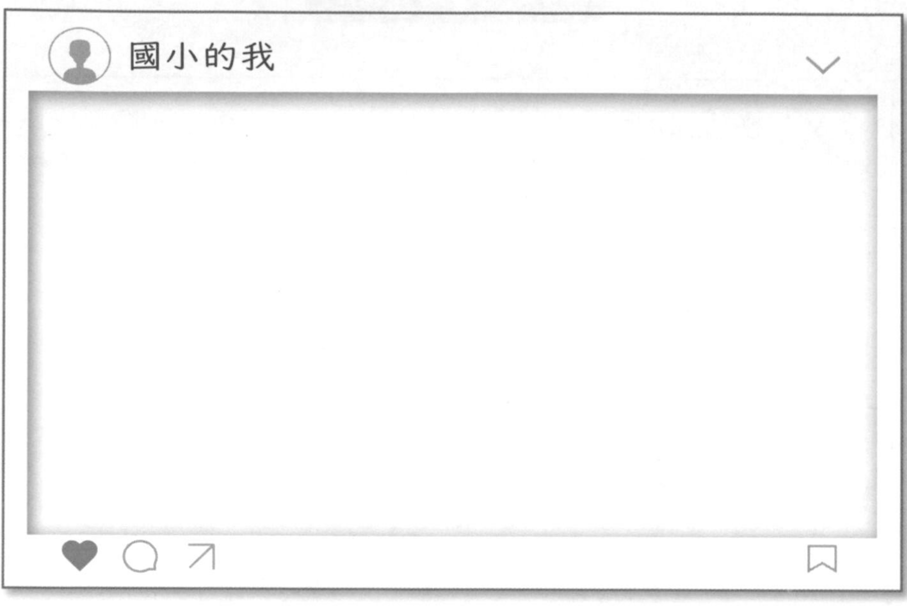

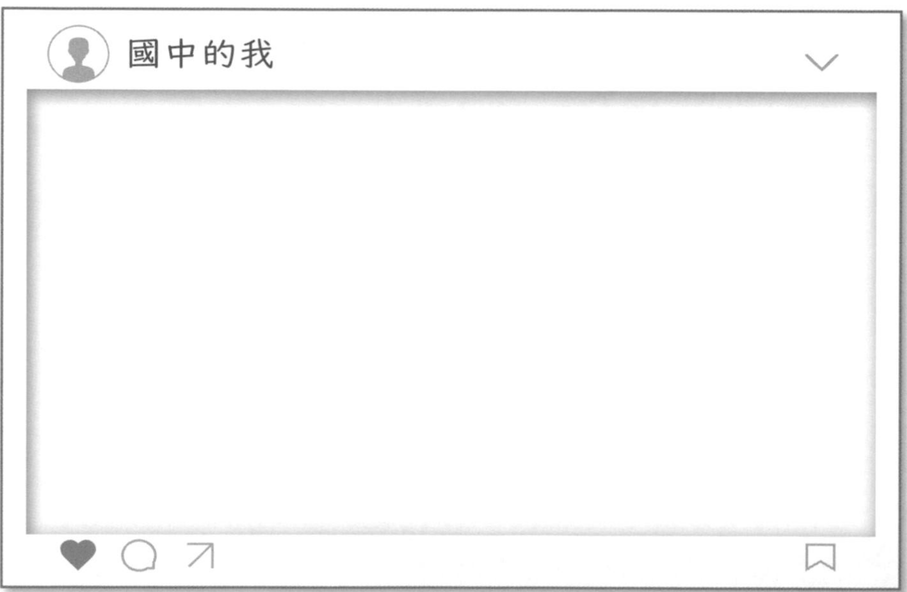

現在的我

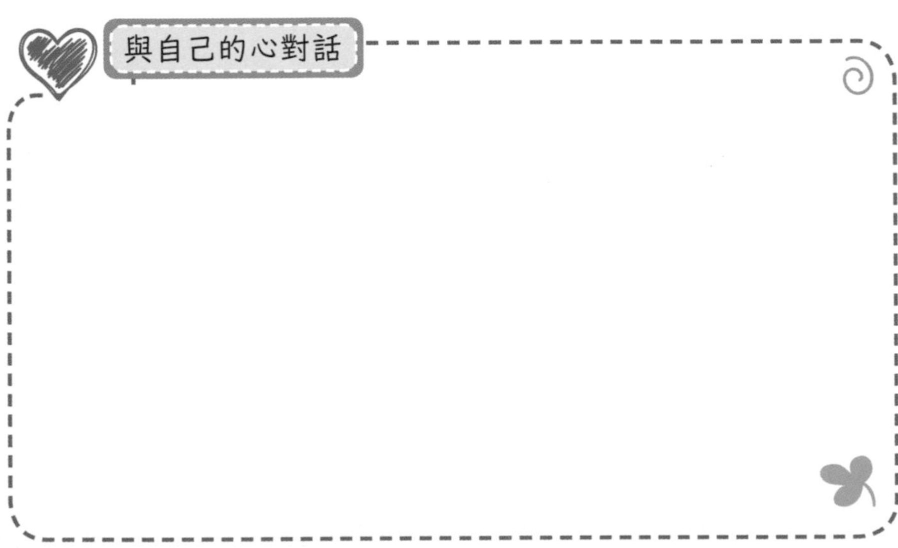
與自己的心對話

第二章

統整的生命態度

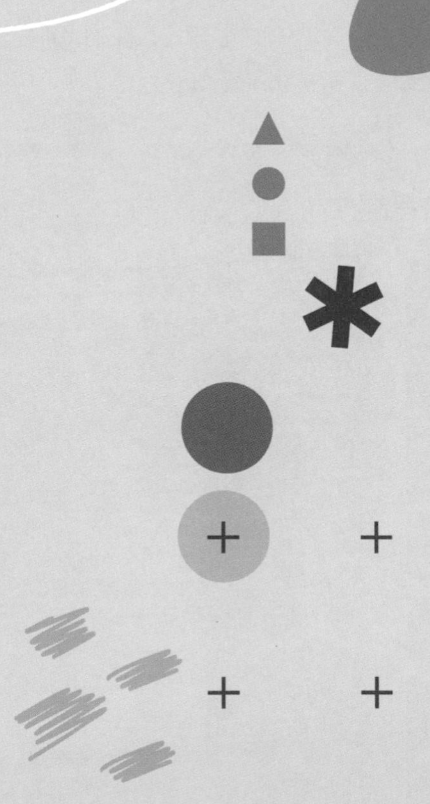

前言

《聯合報》2014年的新聞中有這麼一篇報導：

「台大公共政策與法律研究中心召開『學用落差因應策略論壇』，並公佈一份機械類企業訪談。產業界直指台灣人才的核心問題在於『態度落差』，教育部認為，學校的要求不能放鬆，老師也要以身作則。」

（資料來源：聯合報／記者林秀姿／台北報導，2014/05/25）

企業重視的能力，你有嗎？
1 抗壓性
鴻海 冠億 友嘉 上銀 明安
2 學習意願
鴻海 冠億 友嘉 上銀
3 團隊合作
鴻海 冠億 友嘉 上銀
4 穩定度
鴻海 冠億 友嘉
5 配合度
鴻海 冠億 友嘉
6 專業技能
鴻海 冠億 友嘉
7 表達溝通的能力
鴻海 冠億
8 解決問題的能力
鴻海 冠億

這篇報導很有意思，企業重視的能力共有八個：

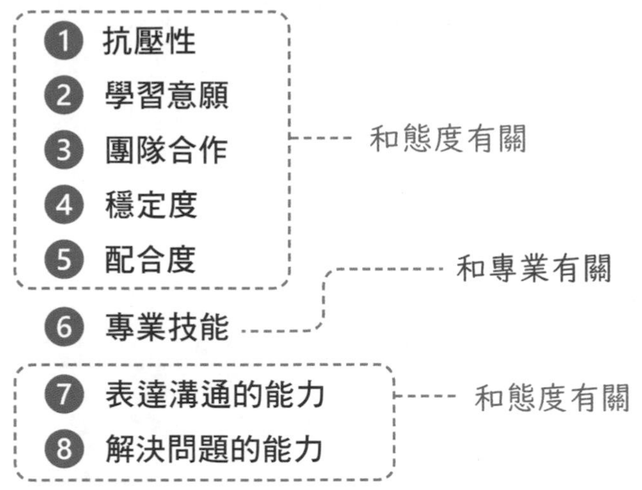

其中和專業能力有相關的只有一項，其他七項都和人的態度相關，其中「抗壓性」竟是多數企業重視的項目，「學習意願」和「團隊合作」也緊跟在後。

在這份資料中，不由得讓人聯想，是否在現今的世代，在企業中服務的年輕人所缺乏的就是這些能力呢？

人很多元，年輕人的狀態也很多元。如何能讓在學的青年**順利地進入職場**（**就業力**），並且**長久地待在職場中**（**競爭力**），這都是學校教育所要面對並正視的問題。

因此，本章想要從著名的企業家、教育家所呈現出來的訊息，來探討學校教育需要重視的課題——**學生生命態度的統整性**。這個課題可以從兩個方面來著手：

1. 青年人的**生活態度**問題
2. 青年人內在的**生命態度**問題

一 青年人的生活態度

現代青年所呈現的態度問題林林總總，討論的方向也非常多。我們先從幾位著名的企業家或教育家的言談來探討：

1 嚴長壽先生

2012年8月《自由時報》報導，公益平台文化基金會董事長嚴長壽先生在教育部部務會議上演講〈我的台灣想像〉講到：

「現今的年輕人缺乏熱忱和使命感，因嫌薪水低而選擇待業。」

「這是台灣教育內容出問題，學校只教讀書和考試，不教做事和做人，才讓年輕人不會主動學習，也忘了謙卑。」

嚴長壽（1947–）

這項表達讓學校教育汗顏。不過嚴長壽先生也提到，他在公益平台文化基金會中也看到一些年輕人當了基金會半年無薪的志工，因而拓展自己的國際視野和格局，提升自己的能力，讓自己成為可用的人才。年輕人的內在潛能非常廣闊，如何引導他們展現這些內在的潛能，是教育界可以努力的方向。

2 張忠謀先生

2012年12月，時任台積電董事長的張忠謀先生，在全國科學技術會議中表示：

「台灣科技業最大的問題，就是現在20到35歲的年輕人，已經不像20年前那樣具有高度的理想，以及充滿抱負，卻比較憤世嫉俗，這個問題，值得正視。」

（2012年12月19日財經中心／台北報導）

張忠謀（1931–）

3 洪蘭教授

洪蘭教授的文章〈現代人最大的毛病就是目中無人，把粗魯當個性〉，引起很多的迴響。洪教授在文章中指出，自己曾擔任某研究所的甄試委員，在甄試過程中看到許多參與甄試的年輕人所呈現的態度，著實令人搖頭。

例如，「坐沒坐相，有的坐下來，腿就翹起來了，甚至叉開來成八字形。只有少數學生腿有併攏，而且只有極少數的學生離開時會把椅子推回去。」

這些反應出「學校怎麼教出這樣不知天高地厚、目空一切的學生來」？洪教授也說：

「其實不只學生，整個社會的價值觀都出了問題。很多人把無禮當作性格，把邋遢當作時尚。其實，不注意衣著，蓬頭垢面，不修邊幅，不是豪邁，而是不尊重別人的表現。粗俗也不是率直，是沒有品味。」

洪教授這篇文章指出了學校教育和社會教育對青年人的影響。

4 盧智芳女士

盧智芳總編輯在2015年7月分的《Cheers》雜誌中，有篇文章〈沒禮貌比沒專業更糟：六個你該懂的人情世故〉，文中提出：

> 一個「很八股，卻威力驚人、效果神奇無比的名詞，
> 它的名字叫做：禮貌」。

文中指出「禮貌」一詞是小學教的第一課，卻也是最多老闆抱怨員工不及格的科目。小學所學的禮貌為何到了社會上卻不見了，這是學校教育需要深思的問題。

二 青年人的內在生命態度

上述四位企業界、教育界、媒體界人士對現代年輕人的表達，很值得教育界深思。現在的學生就是未來的社會人士，我們希望未來社會的中堅分子能夠有工作的熱情與使命感、高度的理想與充滿抱負、適切的行為態度，那麼教育部所謂學校對於學生「態度落差」的要求就不能放鬆，應該成為每所學校應當持守的教導準則，而如何培養學生的生活態度則是一門大學問。

1 人在成長過程中的發展狀態

心理學家艾瑞克森（Erik H. Erikson, 1902–1994）針對青年期和成年期的發展階段，提出以下的說明：

發展年齡 / 發展階段	青年期（13–18 歲）	成年期（19–25 歲）
任務或危機	建立自我概念或自我感混亂	親密或疏離的人際關係
發展順利者	有明確的自我感和生命的方向	能與人建立親密的關係
發展障礙者	沒有生命的目標和方向	強烈的疏離感和孤獨感

為什麼會有發展順利或障礙的現象呢？

基本上，這和以下事件有關係：

1. 和成長過程中所處的環境有關
2. 和成長中過程中的家庭狀況、人際關係、發生的事件等等有關

遇到這些事件的發生時，如果能夠妥當的面對和處理，這些經歷就可能成為個人成長的墊腳石；反之，如果無法良好地去面對和處理，就會成為成長的絆腳石。

2 人在成長過程中所受到的影響

生命很奧秘，而人的成長更是奧秘。從生命的孕育到殞落，每一個階段都影響著人的生命狀態。

以下分三個階段來說明：

第一個階段：母胎和出生

現在有很多母親重視胎教，因為她們知道在胎兒孕育的過程中，遇到的各種況狀都會對胎兒的生理或心理造成影響。

例如，生病的母親如果不知道自己已經受孕而服用藥物時，就有可能影響胎兒的器官發展。

又例如，母親在懷孕期間遇到重大事件而悲傷，就會比較容易生出性情陰鬱的小孩。

以我自己為例，在我出生時，母親因為妊娠毒血症，在生我的時候大出血而陷入昏迷。由於母親是在家裡產下我的，所以多虧遇到有經驗的助產士，經過急救後，母親終於甦醒過來。

當時在急救的過程中，家人憂心母親的安危，紛紛守在床前，結果把剛出生的小嬰兒冷落在一旁，直到母親甦醒後，才由助產士協助洗浴、包裹。

這件急難事件最後雖圓滿落幕，但奇怪的是，我從小雖深受父母和兄長疼愛，卻一直有著不被人接納的負面感覺，影響頗大。長大後，經過心理諮商輔導後，才發現源頭竟是當年呱呱落地時所遭遇到的事情。

一個小嬰兒從母胎中產出後，會感覺冷、感覺刺眼，缺乏安全感，但因為母親遭逢急難情況，嬰兒生下來的時候沒有人幫忙洗澡、包裹，也沒有人把嬰兒抱在懷中安撫，這對一個剛剛來到這個世界的小嬰兒來說，就在心裡烙下了負面的經驗。雖然在這個事件中，沒有任何人故意要傷害我，但不被接納的負面心理因素就是這樣莫名的形成了。

第二個階段：家庭或家族的影響

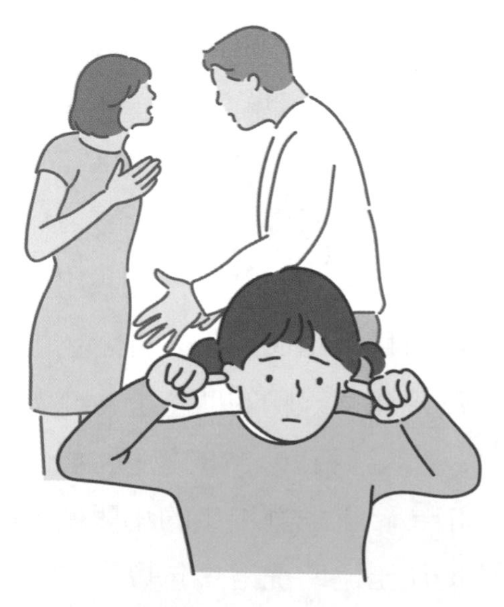

除了母胎中的影響，家庭或家族對人的影響也很大，家庭和家族成員之間的衝突，尤其是父母親之間的衝突，對孩子的影響更是深遠。

例如，早期重男輕女的家族氣氛，使得無數的女性承受了無法想像的負面陰影，而且會一代傳一代。

此外，在學校教育中也發

現，學生在學校所呈現的不當行為，有許多都源自於家庭因素。家庭和家族情況對人的影響是不容忽視的。

第三個階段：各種關係人或事件

人在成長過程中所遇到的人，或是所遭遇到的事情，對人也有很大大的影響。

例如，天災、家庭意外事件、學校老師與同儕、個人所遭遇的意外事件，甚至住家的環境等等，對成長中的幼兒、少年甚至青年，都可能造成有形與無形的影響。

3 如何面對與處理

很多人遇事時習慣坐困愁城，哀嘆自己的悲苦人生；有些人會努力自我突破，開展自己生命的契機。不同的做法造成不同的人生，我們該如何抉擇呢？

出生時的小小事件對我的影響甚鉅，歷經了多年的無助感，後來我決定要突破自我，透過心理書籍的自學，尋找專家心理諮商。經過多年的努力，我找到了心理狀況的源起事件，看到了事件過程中家人的緊張焦慮，也體會到家人在事件中的無奈與無心傷害。當下，我決定放下這些影響，原諒家人在無意中對自己所形成的傷害，並且在家人的關愛中學習接納自己，調整過去負面的生命態度，重新開展新的生命面貌。

如何能夠意識到自己在成長的過程中所受到正向或負向的影響，並且讓自己去蕪存菁，脫離負向的束縛而朝向光明，是我們可以努力的方向。

我們可以透過**自我覺察**來發現自己生命態度的狀況；透過**自學**或是**專家的幫助**，讓自己能夠逐漸將負能量轉化為正能量，如此才能開展生命的坦途。

在後面的章節，我們將逐步的帶領大家學習轉化的方法。

4 面對新世代的人才特質標準

創新工場的董事長兼執行長李開復董事長，有一本著作《做21世紀的人才》（2006），其中提到21世紀的人才特質標準有七項，彙整如下圖：

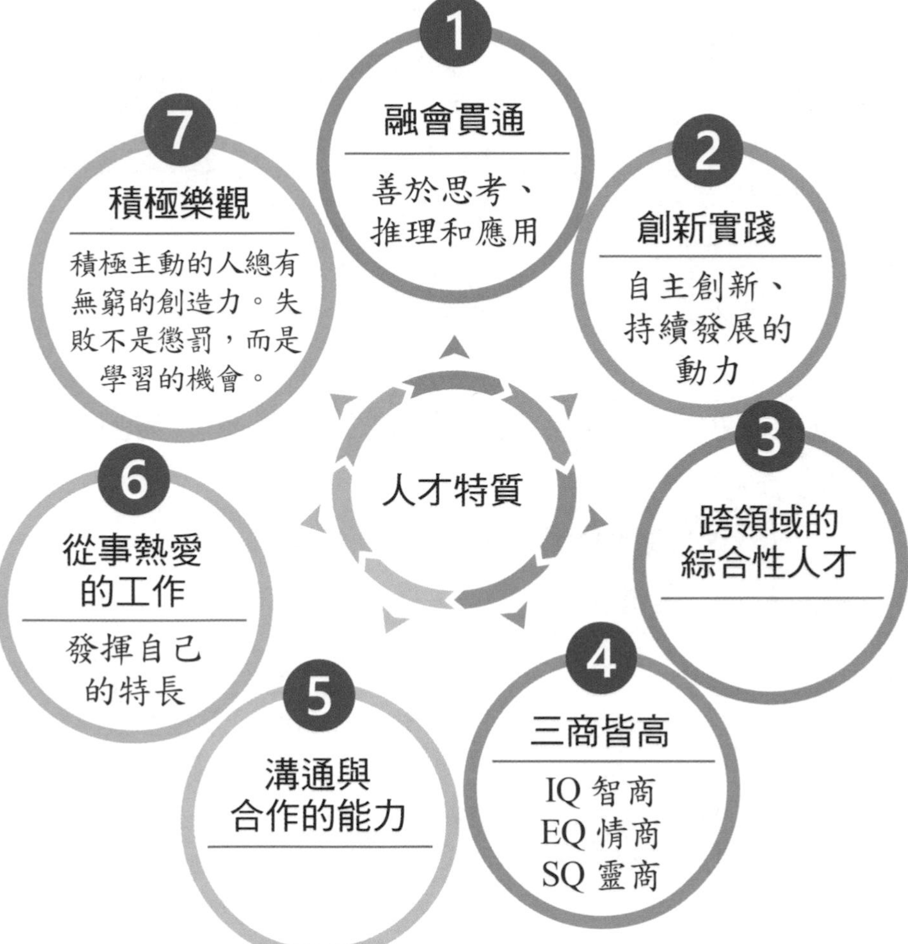
1
融會貫通
善於思考、
推理和應用
2
創新實踐
自主創新、
持續發展的
動力
3
跨領域的
綜合性人才
4
三商皆高
IQ 智商
EQ 情商
SQ 靈商
5
溝通與
合作的能力
6
從事熱愛
的工作
發揮自己
的特長
7
積極樂觀
積極主動的人總有
無窮的創造力。失
敗不是懲罰，而是
學習的機會。
人才特質

21 世紀的人才特質標準

從這裡可以看到20世紀和21世紀的人才特質有所差異：

20 世紀最需要的人才	21 世紀最需要的人才
勤奮好學	融會貫通
創新	創新與實踐相結合
專才	跨領域的綜合性人才
IQ	IQ ＋ EQ ＋ SQ
個人能力	溝通與合作能力
選擇熱門的工作	從事熱愛的工作
紀律、謹慎	積極、樂觀

21世紀明顯的呈現出一股活力、動力、寬廣性、融合性，因此身處於21世紀的年輕人，**應該要調整和改變個人的學習方法、生活態度、生命態度**，才能立足於社會，否則很快就會被社會淘汰。年輕人，你準備好了嗎？

生命成長的目標

每個人都有自己的成長路，唯有**真實面對自己生命的各個歷程**，然後去蕪存菁，才能夠在下一個生命的旅途上走得平坦和順利。

在這個課程中，設定的目標為：

1. 有基本的知識理論，但不以理論為基礎
2. 幫助提升自我覺察的能力
3. 幫助增加自我修正的機會
4. 提供自我改變的方法
5. 幫助培養舉一反三的能力

簡言之，**成長之旅所需要的不只是理論（WHAT），而是實踐性的行動（HOW）**。本書接下來的章節，都是自我認識的邀請之旅，請一起來進行這一趟自我探索之旅吧！

第三章

自我認識的開始：生命溯源（1）家譜

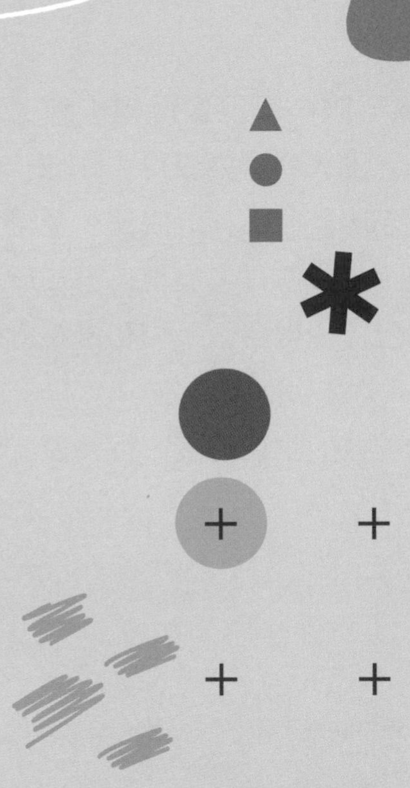

1 在家庭中形塑人格

家庭是人在出離母胎後第一個接觸到的團體，也是人來到這個世界之後，第一個建立關係的場所。

每一個家庭都有各自形成的氛圍，不論是開放或封閉、民主或權威、教導式或放任式、嚴肅或輕鬆等等。從來到這個世界、進入自己的家庭之後，人就受到家庭氛圍的影響，也在家庭中形塑自己的人格和行事風格。

以我自己為例，我小時候眉眼長得很像母親，到了三十多歲，說話舉動也愈來愈像母親，別人看了會覺得「好像一個模子裡印出來的」。自己小時候不怎麼認同這樣的說法，覺得自己和母親很多地方都不一樣。但是，年歲愈長，發現自己和母親的差異愈來愈小，看著鏡子裡的自己，覺得自己長相和母親愈來愈相像。

看看自己的長相、說話的方式、生活態度、行為模式等等，回顧一下，自己和誰最像呢？

2 了解家庭成員

要回顧自己的家庭，首先要先了解自己的家庭成員有哪些。請帶著珍愛與尊重的態度去回顧。家庭成員可能有以下幾種情況。

仍然在世的家人

仍然在世的家人又可能有以下的情況：

1. 目前還住在家裡的家人：例如祖父母、外祖父母、父母、兄弟姊妹、有影響性的親戚（往來比較頻繁密切）。
2. 目前不住在家裡的家人：例如出國讀書、移民、離家出走、送養等等。

已經離世的家人

已經離世的家人還有各種狀況，例如壽終者、病逝者、意外離世者、早夭者（包含出世或未出世者）等等。

在回顧時，如果有不清楚的地方，可以委婉地向家人詢問，但要注意以下幾點事項：

1. 不要碰觸家庭的禁忌
2. 顧慮到家人的感受
3. 態度要溫和與尊重
4. 如果問不出來，就不能勉強

3 發現與展望

在這個過程之中，對自己的家庭狀況可能會有一些意想不到的發現。家庭結構的單純或複雜，會對人造成各種不同的影響。

我從九歲開始，突然發現原來自己是身處在複雜的家庭結構中。我的父親和母親在結婚之前，就都各自有過另一段婚姻關係，也都有各自的兒女。他們在結婚之後，又生下了我們兄妹三人。所以我從小就隱約受到三個不同家庭的影響，這對我的成長過程具有不小的挑戰。但是，經過數十年的成長與學習，我感謝父母兄長的關愛，也感謝因為家庭的複雜情況，讓我能夠較早地學習到如何身處在不同的群己關係之中。

不管面對的是複雜或是單純的家庭生活，我們都可以從中學習。

複雜的家庭結構：學習自處與不抱怨

雖然家庭情況可能因為關係複雜，而使得生活中有很多的不如意，但是如果能提早學習如何自處，這對日後進入更複雜的社會結構，將有所助益。

雖然過去的生活可能有不少不盡人意的地方，但是在自我認識的課程中，可以學習如何降低家庭對自己所造成的負面影響，甚至可以進一步學習到如何在未來建構屬於自己的甜蜜家庭。

單純的家庭結構

感恩擁有關愛

在穩固的家庭基礎中，擁有關愛自己的家人，這能夠讓自己擁有溫暖的力量與能力。

學習面對社會的各種情況

充滿關愛而單純的家庭環境，會形塑出溫暖又成熟的個性，但也有可能會因為個性太過單純而難以融入複雜的社會，這時候就要學習如何更好地面對社會的各種情況。

4 學習如何轉念與學習調整

我們無法選擇出生在什麼樣的家庭環境裡，但是我們可以選擇如何形塑自己未來的家庭。我們無法選擇家庭環境中的成員，但我們可以努力自我重整，幫助自己在關愛中學習與接納不理想的家庭狀況和家庭成員。

了解自己的原生家庭關係，是為了從現在開始更妥當地自我學習與調整，進而讓自己跳脫負面批判的陷阱，建立未來充滿正向力量的家庭。

要記得，唯有愛與包容，才能真正改變人心。

小活動

我的家族簡圖

畫出你的家族成員

第四章

自我認識的開始：生命溯源（2）家族動力與我

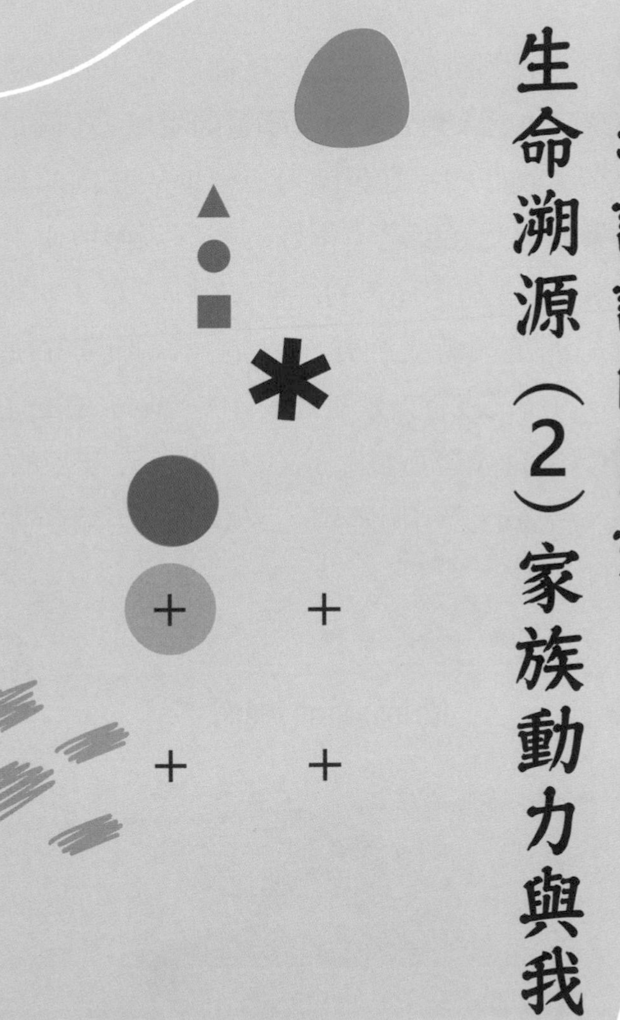

在這一章裡面，我們將深入探討家庭和人的互動關係，以及這種家庭互動關係對生活在其中的人所帶來的影響。

1 家庭互動關係的影響

在上一章，我們說過家庭是人所處的第一個團體。除了這一點之外，**家庭也是人類生命最早學習的場域**，不論是正向學習或是負向學習。良好的家庭氛圍可以幫助人正向成長，時時享有幸福與快樂的感受；反之，不好的家庭氛圍會使人深感挫折與沮喪，時刻處在失望與痛苦的生活之中。

十七世紀的英國詩人約翰・多恩（John Donne, 1572–1631）寫過一首詩《沒有人是孤島》（*No Man Is an Island*），我們可以將「沒有人是孤島」這一句話引入家庭的互動關係中。家庭是人所處的第一個團體，家庭成員不論多寡，彼此之間都有相當的影響。

無論在家庭或是其他的團體，例如學校、社群等等，每個人都希望能在這些團體中擁有美好的關係，但有時不一定能如願。那麼問題到底在哪裡？

舉例來說，我就讀高一時，開學第一天導師要我們自我介紹。還記得在自我介紹結束時，我說了一句：「希望在未來的三年之中，能夠和所有的同學建立良好的互動關係。」然而到了畢業的時候，我只和座位附近的幾位同學有課業上或活動上的接觸，和其他同學幾乎沒有互動，和入學時候的期許截然不同。

我反躬自問，其中的問題是在哪裡呢？回想高中這三年，為了拚升學，除了少數幾位可以在課業上相互砥礪的同學之外，就既無心也沒有時間去經營友誼，所以大多數的同學在我無心的漠視下，彷彿不存在一般。

同樣地，家庭成員在彼此互動或不互動、關注或漠視之下，無意識地形塑了家庭的氛圍，也在這樣的氛圍中影響了每一位家庭成員。

2 家庭是一個系統

我們都生活在種種系統中，例如宇宙系統、太陽系統、國家系統、生態系統等等，而影響人最直接的就是家庭系統。

家庭系統是一個有機體，處在家庭系統之中，大家「彼此相關、相互影響」。我曾經下半肢水腫多年，治療許久，一直未見改善。後來多虧遇到一名中醫師，診斷我是因為心臟功能不好，血液循環不流暢，才造成水腫。在對症下藥之後，下半肢水腫的問題就消除了。家庭系統就像身體一樣，是一個有機體，身體的各器官之間會息息相關地交互作用。

家庭中每一個成員的互動模式，都能導引家庭成員朝著正向或負向的生活狀態前進，這些**互動模式往往受到潛意識的影響**。奧國心理學及哲學家馬丁・布伯（Martin Buber, 1878–1965）認為，潛意識存在於個體之間。瑞士心理學家榮格（Carl Gustav Jung, 1875–1961）也提出「**集體潛意識**」的概念。

《愛與和解》一書的作者周鼎文老師指出，潛意識存在於個體之間的關係中，並透過成員之間的信息場域來運作，而一群人建構的信息場域就是榮格所謂的集體潛意識。所以處在家庭系統中，家庭成員彼此之間會不自覺地相互影響。

瑞士心理學家榮格（Carl Gustav Jung, 1875–1961）

3 集體潛意識的影響

對人的影響

集體潛意識無所不在，是一種**群眾的心理現象，人在其中可以感受到這種氛圍，但又因身處其中而不自覺地受其影響**。就好像在歌手封麥的演唱會上，原本個性內斂沉穩的人，也會在歌手令人如癡如醉的歌聲中，情不自禁地跟著打拍子、左右搖晃、大聲唱和。

對家庭的影響

家庭的氛圍會影響到家庭成員，例如家庭中有人結婚、中大獎，家庭中的每一個成員都會感染到快樂；反之，家庭中如果有人生病、失業、死亡，家庭中的每一個成員都會感到焦慮或悲傷。

此外，「家族」的氛圍也會影響到家族的成員，例如祖父母如果重男輕女，就很容易使得家族中的女性自我感低落，或是在家族中感受到被壓抑的沉悶與痛苦的氣氛。

4 正向改變家庭的氛圍

集體潛意識既然對人甚或家庭有如此大的影響，那麼要如何善用集體潛意識的影響力，來幫助家庭正向成長呢？

下面是周鼎文老師（2011）歸納出的五大關係法則。依照這五大關係法則，**覺察家庭和家族的糾葛問題，然後將之轉化為正向的力量**，這是很重要的課題。

五大關係法則

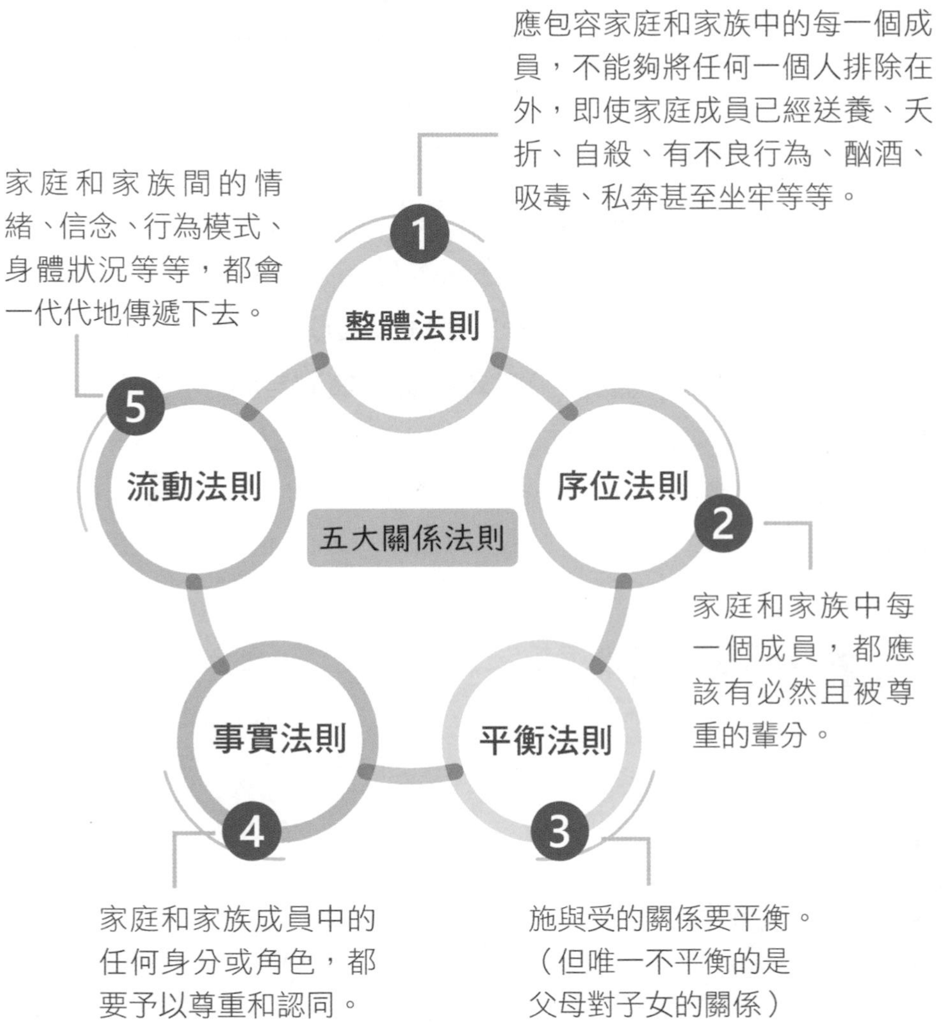

五大關係法則

1 整體法則

應包容家庭和家族中的每一個成員，不能夠將任何一個人排除在外，即使家庭成員已經送養、夭折、自殺、有不良行為、酗酒、吸毒、私奔甚至坐牢等等。

2 序位法則

家庭和家族中每一個成員，都應該有必然且被尊重的輩分。

3 平衡法則

施與受的關係要平衡。（但唯一不平衡的是父母對子女的關係）

4 事實法則

家庭和家族成員中的任何身分或角色，都要予以尊重和認同。

5 流動法則

家庭和家族間的情緒、信念、行為模式、身體狀況等等，都會一代代地傳遞下去。

5 結論

人從家庭而來，所以首先應該接納家庭本有的樣子。其次，**家庭中的成員需要學習彼此相愛，一旦具備愛的力量，就有改變的可能性**。

除此之外，**要去意識到自己在家庭中可以努力的方向，並帶著愛與勇氣，懷著耐心和包容心**，等待著家庭和家族成員加入改變的行列。不過，要能夠覺察並進而轉化，並不是一件簡單的事。

所謂知己知彼，如果要幫助家庭和家族正向成長，首先就要對自己有更多的自我認識。**只有真正認識到自我，才會有能量去影響周邊的人**，包括自己的家庭成員。

在接下來的章節裡，我們將帶領大家朝向自我認識的旅途邁進。

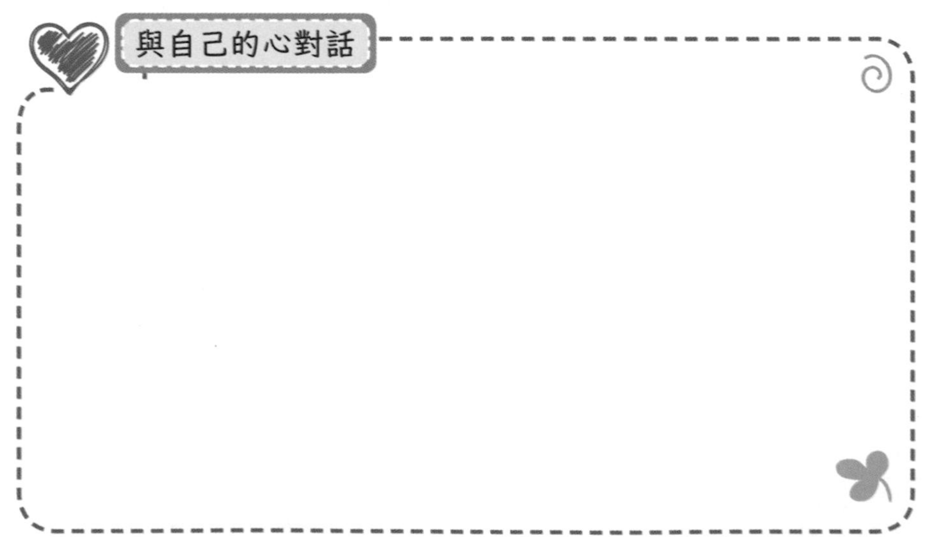

幫助自己學習「感覺」

- 找一個夥伴，兩人一組。
- 彼此相互靠近，安靜站立，閉上眼睛，感覺一下旁邊的人給自己的感覺是什麼？
- 兩人左右交換方向，再做一遍。
- 夥伴站在自己的哪一邊（左邊還是右邊），會讓自己感覺更舒服？
- 換一個夥伴試試看。

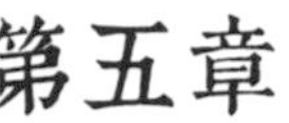

第五章

我的生命成長樹

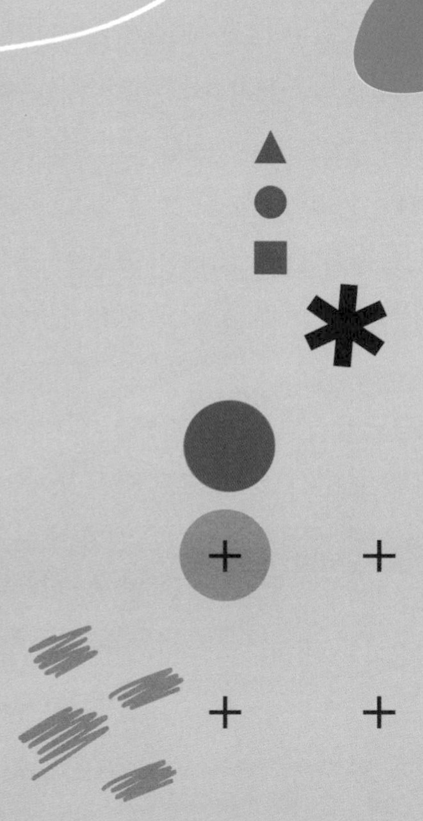

1 回顧自己的生命歷史

從生命的孕育開始，人就開始了自己的生命歷史。有人生命的傳奇性發展令人驚艷，有人一生平順令人羨慕；有人坎坎坷坷令人心酸；有人遭逢不幸英年早逝，也有人還來不及出母胎就已經早夭。

人一方面生活在歷史中，另一方面也在創造歷史。這些生命的歷史形塑過程，有令人難以掌握的外在因素，也有來自個性的內在因素，成也自己，敗也自己。

我們在前面的章節介紹過，人的成長過程中有很多因素在影響著我們，其中影響最大的因素來自於家庭，這些影響有的正向，也有的負向。除了家庭因素之外，個人成長過程中的生命經驗也會影響著我們。

這些影響盤根錯節，深淺不一，個人的生命歷史逐漸形塑了現在的你、我、他。不管以前發生過什麼樣的喜怒哀樂事件，都是影響自己成長的因素，無法磨滅。因此，要真正的認識自己，就要**面對自己真實的成長歷史**。唯有妥當的回顧過去曾有的生命狀態，學習去接納過去的愛與恨，才能有助於我們塑造更好的「我」。

因此，現在我們就帶著一顆溫暖的心，去面對自己過去的人生點滴吧。

2 成長樹

上面是一棵成長樹，從母胎到現在，把每一段年齡層所發生過的重要、重大事件，用果實的形狀象徵性地畫在樹上。畫什麼果實，可以由自己的喜好來決定，譬如蘋果、橘子、香蕉等等。果實的狀態則依發生事件的內容來決定，例如：

- 發生快樂的事，例如參加畢業旅行，可以畫一顆成熟飽滿的果實。
- 發生難過或悲傷的事，例如生病住院，這時候就可以依嚴重性，畫上被咬了一口的果實、半熟的果實、枯萎的果實，或是沒有發育的果實等等。
- 凡是讓你真實感覺到的喜怒哀樂事件都算。

在接下來的小活動中，請畫出自己的成長樹。

小活動

我的生命成長樹

15 歲以上的我

13 歲到 15 歲的我

10 歲到 12 歲的我

7 歲到 9 歲的我

4 歲到 6 歲的我

出生後到 3 歲的我

母胎中的我（聽家人述説）

- 畫完成長樹後，你有什麼發現？有什麼感覺？

____

____

- 如果感覺很難畫，那是為什麼？

☐ 不會畫？太醜了，不好意思。

☐ 想不起來？

☐ 不想回憶？

➔這些現象表達出什麼？

- 突然想起了自己以為已經遺忘的喜怒哀樂的事件，原來自己的生命過程這樣的豐富。
- 對自己曾經遇到的人或事情，生起感恩之心。
- 或是 ________________________________

3 分享生命事件一、二事

喜樂之事

我就讀嘉義市的復國幼稚園，園長和老師都很疼愛我。約六歲時，我參加幼稚園的表演，在遊龍戲鳳的黃梅調表演中擔任正德皇帝的角色。在畫生命樹的時候，突然想到台下的園長臉上的表情，是喜悅、是肯定。這個表情讓台上的我感到喜樂與驕傲。

被背叛的傷心

小學三年級左右，我曾經被同學惡整過。那天早上，我順路接了一位好同學一起上學。第一節下課時，座位旁邊的女同學對我臭臉相向，我自我反省，一直在想自己是不是哪裡做錯了。

到了第二節下課的時候，有更多的女同學對我惡臉相向，並且紛紛開始數落我。我當時嚇得躲到教室的門後，卻被女同學圍在門與牆壁的縫隙中，邊說邊笑著說：「我們不要和妳好了。」

我赫然發現那位好同學也在其中。等到我被嚇哭了，女同學們竟然大聲笑說：「哎呀！哭了，哭了！」然後一哄而散。

上課鈴聲響後，我坐在位置上還有些啜泣，那位好同學走過身旁，輕鬆地說道：「只不過是和妳開玩笑而已，還在哭啊，真沒出息。」說完便走開。

發生了這件事情之後，沒有任何女同學來向我道歉。我也沒有向老師或家人提起這件事。從此之後，我就無法再對女性同學敞開內心了。

直到二十多年後，我在與一位輔導聊天時突然想起這件事。當下，我內心的憤怒、委屈、傷心等情緒，全部湧上心頭，我忍不住痛哭。等我的情緒平復下來之後，輔導問我說：「今天以後，妳決定要如何面對這件傷妳很深的事？」

我思索許久之後回答說：「當年我們都是小孩子，在無知中這些女同學造成我的傷害，或許她們完全不記得這件事了。現在大家都已經長大又各分東西，我一定等不到還我公道的道歉。既然如此，我決定放下並且原諒她們，不再讓這件在無形中傷害我的事情繼續對我造成負面的影響。」

說完，我心中頓時感到平靜。

從此之後，有機會與人分享此事時，我已經能夠用平常心來述說了。

4 面對自己的生命軌跡

誠如我分享的個人經驗，可以清楚地知道：

1. 過去發生的事件已刻劃在我們的生命旅痕中，無法改變，也無法消除，但是我們可以嘗試改變面對過去事件的態度與心境。

2 認真地回顧過去的生活點滴，一定會有不一樣且多元的發現。我們因著過去的生命旅痕而形塑了現在的「我」，如果可以透過我們信任的家人、老師或專業人士所給予的協助，或許可以幫助自己學習去正向面對未來。

3 和傷心的過去和解地道別，我們就有能力帶著光明又期待的心去面對未來。

期盼我們都能夠從自己過去的生命經驗中，重新開始塑造未來的「我」。

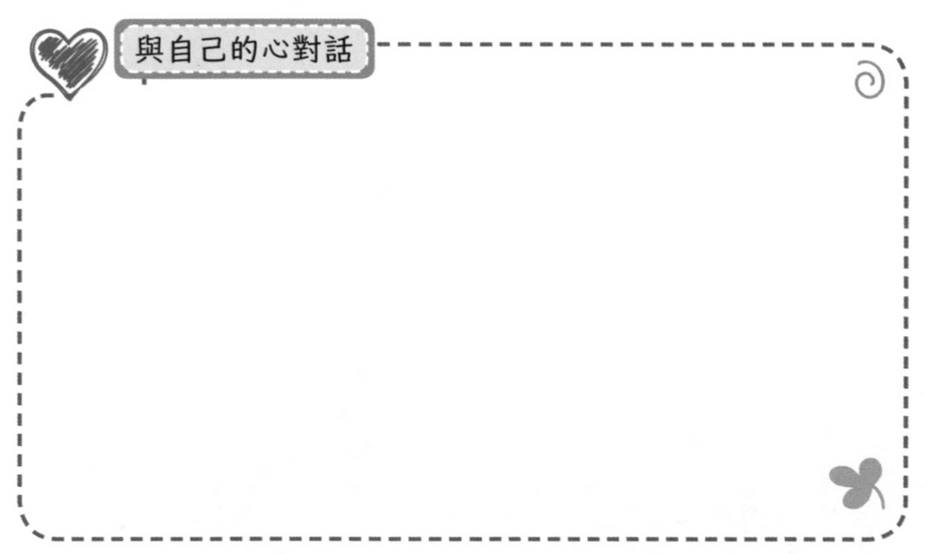

第六章

生命中的光與暗

1 個人的感受

在第五章，我們透過生命樹的模式，回顧了從胎兒期到現在的個人生命成長的縱向過程。在這樣的基礎下，我們要更細密地進入個人的歷史過程中。

每個人的個性和感受性都不一樣。有時候，兒時的一塊糖果，對某人來說可能很珍貴，會引起很大的情緒反應；但是這種情況對另一個人來說，可能完全無動於衷。誠如我在第五章分享的兒時被惡整的經驗，這對我的影響非常深遠，但是這種經驗對其他人來說，可能只不過是自認倒楣的小插曲而已。

在這一章，我們將**以個人的感受為基礎**，回顧兒時的點點滴滴。希望在這一章裡面，能夠幫助同學更深入地認識自我。

活動　生命中的光與暗

1 生命中的光：喜樂

1. 寫出從小到現在一到三件令你喜樂的事？喜樂的原因是什麼呢？請用十分鐘的時間把它寫出來。
2. 用五分鐘的時間來和三位同學分享。

2 生命中的暗：苦惱與悲傷

1. 寫出從小到現在你還記得的挫折、痛苦、悲傷或憂慮事件。請用十分鐘的時間把它寫出來，這些內容不需要和同學分享。
2. 再重新看一遍這些事件。

3 非喜非悲的經驗

有哪些既不喜樂也不苦惱悲傷的事情，卻給自己帶來永難磨滅的記憶或是造成深遠的影響？例如，某位長輩或老師的一句勉勵的話語、一個眼神或是一個擁抱？

____

____

____

____

____

____

____

____

____

4 什麼都想不起來？為什麼會想不起來呢？可能的原因有哪些？

1. 對自己的日常生活不太經心
2. 對自己的內在世界關注不多
3. 不想記得
4. 或是 ______________________________

____

2 生命的更新

透過生命的回顧，除了可以幫助找到正向的能量，繼續下一階段的人生旅程，更可以幫助卸下肩上的重荷，步履輕盈地走向未來的人生。再次提醒：

1. 過去的事情，有些還來得及，要好好地把握，例如和家人或朋友和好。有些事情已經無法挽回，例如對方已經失去聯繫或是離世，那就需要像我被惡整的事情那樣，要學習接受、放下或原諒。

2. 當我們把握機會重新建立美好的關係，或者學習接受、放下或原諒相關的人或事的時候，我們就有正向的力量重新開始下一個階段的人生旅程。有了這樣的回顧人生經驗，也可以時時提醒自己，要珍惜眼前所擁有的一切，不要輕易地造成未來的遺憾。

3. 黑夜將盡的時刻，就意味著黎明即將到來。當你接受或放下過去生命中的負擔（黑暗事件），就可以讓自己的內心擁有光明的能量。

3 祝福自己

每天不管發生多少事情，也不管這些事情是好是壞，我們都可以在一天的開始之際，以平常心來祝福自己，讓自己擁有正向能量，以便面對一天之中可能會發生的喜怒哀樂。

當我們的內心保有平靜與安寧，我們就能有能力去處理我們眼前的事務。

請在一天的開始，向自己表達祝福吧！以下是祝福詞的範例：

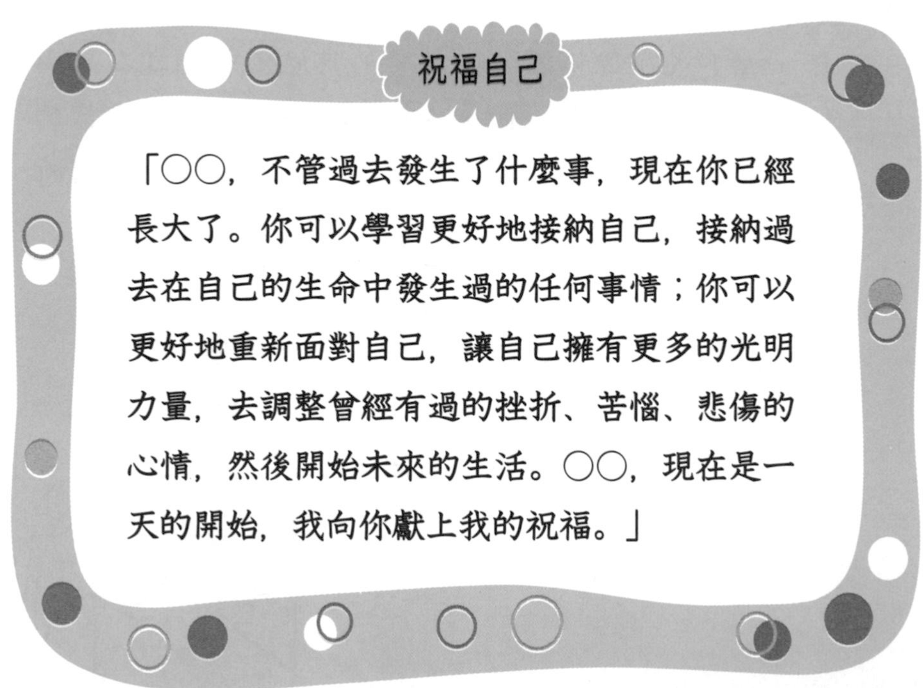

祝福自己
「○○，不管過去發生了什麼事，現在你已經長大了。你可以學習更好地接納自己，接納過去在自己的生命中發生過的任何事情；你可以更好地重新面對自己，讓自己擁有更多的光明力量，去調整曾經有過的挫折、苦惱、悲傷的心情，然後開始未來的生活。○○，現在是一天的開始，我向你獻上我的祝福。」

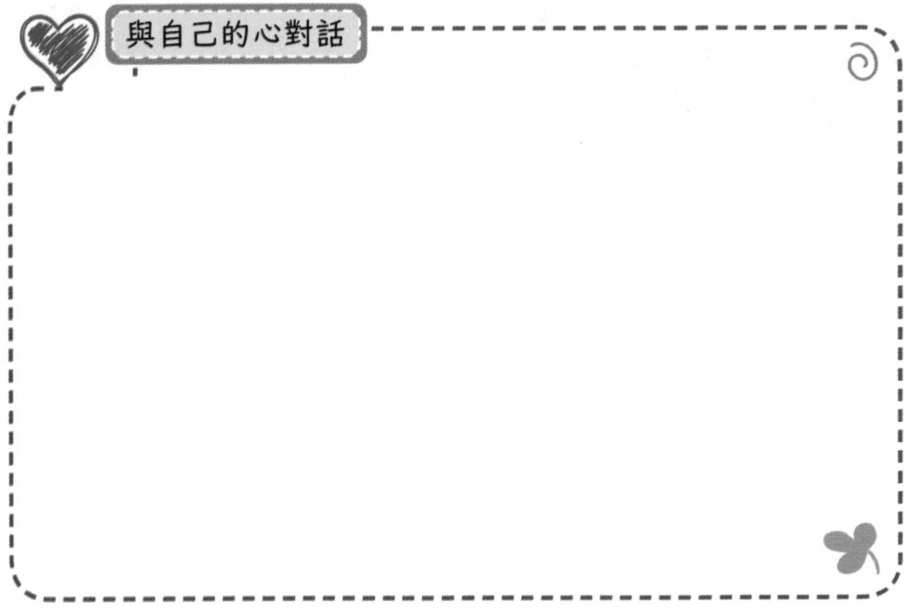
與自己的心對話

第七章

我的生命特質（1）我的愛好

1 自我介紹

我高中暑假時參加過北部橫貫公路的健行隊活動，當時我抱著期待又興奮的心情來到了營隊。集合的時候，營隊的活動組要所有的學員做自我介紹。當時有約四十名學員，加上工作人員大概有六十多個人，大家圍成一個大圓圈，每個人都要站起來作一分鐘的自我介紹。當時我腦中一片空白，除了自己的姓名，什麼都記不起來。我到現在都還不知道當時是如何度過那個尷尬又不知所措的過程，只知道自己從此就再沒參加過類似的活動了。

但是，可怕的經驗從此就消除了嗎？沒有。只要到了一個新環境、新班級、新團體，自我介紹對自己來說都是可怕的噩夢。因此，只要快要輪到自己自我介紹時，我多半會想辦法逃過，如果逃不掉，就匆忙說出自己的姓名之後就衝下台。

我對這樣的情況感到很困擾，也很想要有所突破。因此經過一番努力，我發現要能夠向他人適當地做自我介紹，就要對自己從裡到外有所認知。自我的認知有淺有深，只要對自己的認識越深，在別人的面前就愈能夠輕鬆地表達自己。而且當你對自己愈有把握，你就愈可以擴大自己的生活圈，開展更多的生命面向。

如果你也跟我一樣不知道如何做自我介紹，以下的幾個章節可以幫助你在自我介紹的場合中，比較坦然、輕鬆地去面對。

2 認識彼此的愛好

活動　寫出十種愛好

① 用十分鐘的時間，寫出自己的十種愛好，並加上原因。例如：

1. 我喜歡 吃巧克力 ，因為 吃完很快樂 。
2. 我喜歡 打籃球 ，因為 可以長高 。
3. 我喜歡 看電影 ，因為 可以消磨時間 。

1 我喜歡 ______ 因為 ______

2 我喜歡 ______ 因為 ______

3 我喜歡 ______ 因為 ______

4 我喜歡 ______ 因為 ______

5 我喜歡 ______ 因為 ______

6 我喜歡 ______ 因為 ______

7 我喜歡 ______ 因為 ______

8 我喜歡 ______ 因為 ______

9 我喜歡 ______ 因為 ______

10 我喜歡 ______ 因為 ______

❷ 再用十分鐘的時間，找三位同學來分享你的十種愛好，分享的重點在於：

1. 比較一下彼此有哪些共同的愛好？
   有哪些不一樣的愛好？

2. 如果沒有人的愛好和你一樣，也可以加註如下：

   ⓐ 吃巧克力（0人）
   ⓑ 散步（0人）

	相同的愛好	同學的姓名
1		
2		
3		
4		
5		
6		
7		
8		
9		
10		

❸ 分享完之後，在彼此的資料上簽上自己的姓名，然後再回到自己的座位上。

簽名處

❹ 靜下來想一想：

1. 要你寫出自己的十種愛好，你覺得容易嗎？為什麼？

2. 從自己所寫的內容當中，你能意識到自己的愛好有什麼特質嗎？
   - ⓐ 是物質性的，還是精神性的？
   - ⓑ 是靜態性的，還是動態性的？
   - ⓒ 是屬於個人性的，還是關係性的？

3. 在和同學分享時，發現彼此有相同的愛好時，你有什麼感覺？

4. 在和同學分享時，發現彼此沒有什麼共同的愛好時，你有什麼感覺？

5. 在和同學分享時，是否發現自己還有其他的愛好忘了寫出來？例如，自己也喜歡散步，但是剛剛卻沒有想到。

因為基因和環境等等的影響，我們每個人都有共通之處，但也都有自己獨特的地方。所以我們往往渴望尋找志同道合的人，但又希望能夠展現自己的特色。

透過這個小小的活動，我們一方面可以找到志同道合的人，建立彼此的互動關係；另一方面，我們也可以學習接受彼此的差異性，讓自己的生命範圍得以擴展。

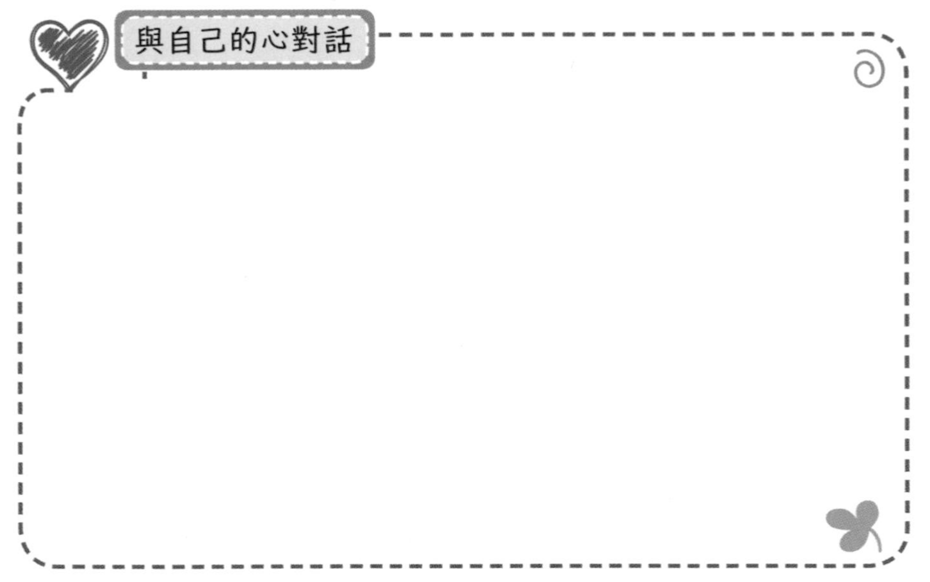

第八章

我的生命特質（2）我的優缺點

1 發現彼此的優缺點

我們在第七章學習了解自己的愛好。除了原本已知的愛好，在和同學分享的過程中，也許會發現被自己所忽略的其他愛好。

在第八章的課程中，我們也希望透過課程的學習，可以發現自己更多的優缺點。如果是優點，就可以多多發揮；如果是缺點，就可以透過各種方式來加以改善。所以，我們首先就要先自我發掘一番，深入來認識自己的優缺點。

活動 1 寫下自己的優缺點

1. 寫下自己的缺點，然後算一下自己有多少缺點。

____

____

____

____

____

____

計數 ________ 個

❷ 寫下自己的優點，然後算一下自己有多少優點。

____

____

____

____

____

____

計數 ________ 個

❸ 自己的優點比較多，還是缺點比較多？

1. 如果你是優點多於缺點

☐ 非常恭喜，相信你可以在未來的生活中成為一個更好的人。

2. 如果你是優點少於缺點

☐ 或許你是一位非常謙虛的人。

☐ 或許你是一位自我要求非常高的人。

☐ 或許你是一位自我感比較低的人。

☐ 或許過去的經驗這樣告訴你，你也這樣看待自己。

☐ 或許你在過去的生活中還沒有學會如何讓自己成為更好的人。

☐ 或許 ______________________________

3. 如果你是優點和缺點一樣多

☐ 還是要恭喜你，不過你還可以學習更好地調整自己。

❹ 在活動的過程中，不知道你有什麼發現？
你對自己的認識到底有多少？

例如：

☐ 我這個人沒什麼可取之處？

☐ 我是一個無能之人？

☐ 別人都不喜歡我？

☐ 我沒有朋友？

☐ 我很孤獨？

☐ ______________________________

或是：

☐ 我很喜歡笑

☐ 我有很多朋友

☐ 我樂於幫助別人

☐ 我會聆聽

☐ 我有很多的能力

☐ ______________________________

除了從自我意識去了解自己，也可以透過其他方式來了解自己。例如可以觀察朋友的優點，除了讚賞對方，自己也可以有學習的方向。

或者，你可以和朋友約定，當發現彼此的優缺點時，都可以坦率地告知對方。當然，要帶著關愛地真誠表達，這樣才能溫暖人心。

2 學習讚美別人的優點

接下來的活動可以提升我們對自己的認識，在開始之前，我們需要宣誓自己會用真誠而溫暖的心來開始這個活動。

宣誓詞

我，〇〇〇，願意在活動中，
以最真誠和關愛的態度，
向同學表達讚美的話。
我決不惡作劇、不捉弄人、不讓人傷心。

〇〇〇，
〇〇〇〇年〇〇月〇〇日謹誓。

活動 2　愛的優點大轟炸

1. 五到六人編為一小組。
2. 用最誠摯的心承諾所說的每一句話皆發自內心，用溫暖的眼神注視對方的眼睛。
3. 每一位組員要對主角說出對方的一項優點，講完之後再換下一位組員當主角。

	同學的姓名	同學的優點記錄
1		
2		
3		
4		
5		
6		

❹ 主角要對每一位組員回應說：「謝謝你的讚美。」（主角可寫出組員讚美的內容）

	同學的姓名	我收到的讚美
1		
2		
3		
4		
5		
6		

❺ 彼此簽名。

3 結語

東方人的感情多半較為含蓄，不擅長直接表達內心真正的情感。許多比較傳統的父母，內心雖然以子女的表現為傲，但總會擔心讚美太多的話，兒女可能會心生驕傲，因而吝於誇讚。在這樣環境下成長的孩子，多半難以培養高度的自我感，也不易養成讚美自己與他人的生活態度。

因此，透過這小小的活動，可以幫助我們學習觀察他人，也學習開口讚美他人的良好美德，讓彼此都能因此而獲益。此外，我們也藉此學習面對他人的讚美，並且給予正向的回應，一舉兩得，何樂而不為呢？

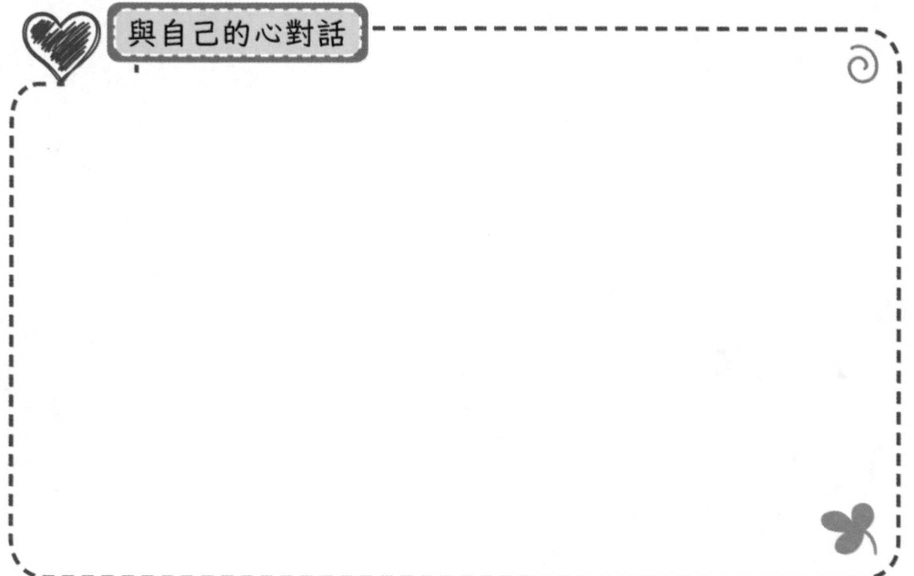
與自己的心對話

第九章

我的生命特質（3）
我的人格特質

1 我的人格特質

在上一章，我們對自己的優缺點有了進一步的認知，也從同學的口中了解自己有哪些優點。這些優點可能是自己早已認知的，並且透過活動而更增強這份認知。有些也可能是自己從未想到過，卻在活動中經由同學的表達，才在驚喜中發現到。

另外，我們也透過活動，至少向四到五位同學說出：「謝謝你的讚美。」透過這句話，我開心地接受了別人的讚賞。

接下來，我們要進一步深入自己的生命內涵，以便幫助我們更好地認識自己的人格特質。

活動 I　個人的獨特性

1. 用三分鐘的時間，請同學拿出一張紙（廢紙更好），紙張大小不要小於A5，然後按照自己的想法和方式，將這張紙分成九份。

2. 接下來，用十分鐘的時間，我們來看一下同學們的方式有哪些不同。讓同學們分享自己是如何將紙張分成九份的，並說明原因。

3. 請同學問問自己：

   1. 我的方式有什麼內在規則呢？或者完全沒有規則？
   2. 這種有規則或無規則的方式是從哪裡來的？
是父母的規定？老師的規定？自己的個性？
還是什麼？
   3. 我的方式是否有對或有錯？
      - a 每個人的內在個性不同，就可能有不同的行動方式和結果。
      - b 這些行動方式只要對他人沒有任何妨礙，每個人都可以盡情展現自己的風格。
      - c 學習接受他人所展現的獨特風格。

活動 2 人格特質表

❶ 用十分鐘的時間，同學從下列的「人格特質表」中選出九項，並按照自己的喜好來排列優先次序。

❤ 人格特質表

- ☐ 熱情的
- ☐ 守信的
- ☐ 敏感的
- ☐ 偏激的
- ☐ 多疑的
- ☐ 隨便的
- ☐ 冒險的
- ☐ 聰明的
- ☐ 獨立的
- ☐ 武斷的
- ☐ 浮躁的
- ☐ 討人喜歡的
- ☐ 深沉的
- ☐ 親切的
- ☐ 可奉承的
- ☐ 好競爭的
- ☐ 幽默的
- ☐ 大方的
- ☐ 剛強的
- ☐ 個人主義的
- ☐ 順從的
- ☐ 純潔的
- ☐ 心細的
- ☐ 健忘的
- ☐ 動人的
- ☐ 老實的
- ☐ 保守的
- ☐ 膽小的
- ☐ 有主見的
- ☐ 文靜的
- ☐ 自誇的
- ☐ 慈善的
- ☐ 膽大的
- ☐ 靈活的
- ☐ 溫柔的
- ☐ 被動的
- ☐ 有眼色的
- ☐ 機靈的
- ☐ 自主性強的
- ☐ 負責的
- ☐ 伶俐的
- ☐ 冒失的
- ☐ 富同情心的
- ☐ 讓步的
- ☐ 誠懇的
- ☐ 挑剔的
- ☐ 親切的
- ☐ 任性的
- ☐ 愛美的
- ☐ 沒有規則的
- ☐ 甜蜜的
- ☐ 豪放的
- ☐ 風趣的
- ☐ 端莊的

☐ 穩健的	☐ 理智的	☐ 文雅的
☐ 自立更生的	☐ 善謀的	☐ 和氣的
☐ 愛國的	☐ 依賴的	☐ 鎮靜的
☐ 有雄心壯志的	☐ 純情的	☐ 頑固的
☐ 幹練的	☐ 樂觀的	☐ 成熟的
☐ 輕聲細語的	☐ 拘謹的	☐ 好支配的
☐ 嚴肅的	☐ 天真的	☐ 領袖型的
☐ 主動的	☐ 敏感的	☐ 好奇的
☐ 衿持的	☐ 愛小孩的	☐ 偏心的
☐ 粗魯的	☐ 害羞的	☐ 其他＿＿＿＿
☐ 空談的	☐ 易聽信別人的	
☐ 溫暖的	☐ 愛整潔的	

2. 和同學分享自己前三項的特質，彼此觀摩是否有同樣的特質？把它註明下來。

3. 如果沒有「人格特質表」可以參考，能夠順暢地寫出自己的特質嗎？原因是什麼？
   - a 是對自己的關注不夠，所以對自己的認識不足？
   - b 使用「人格特質表」，是否發現自己原來有更多的特質？
   - c 這些發現是正向的還是負向的？
   - d 在和同學分享時，是否有新的發現？

2 結語

透過上面的活動，希望幫助同學找出自己的特質，並且能夠更好地展現自己。經過這樣的練習，除了可以走出自我限定的生活框架，也能夠在他人的身上汲取良好的特質，讓自己更上一層樓。所學習的內容，應該要能夠讓自己的生命充滿光明地展開。

另外，要讓自己的生命得以開展，除了見賢思齊地學習，也可以多閱讀良好的書籍，吸收更多正向的能量，在愈來愈認識自己的過程中，按照自己的狀態來發展自己的人格特質。

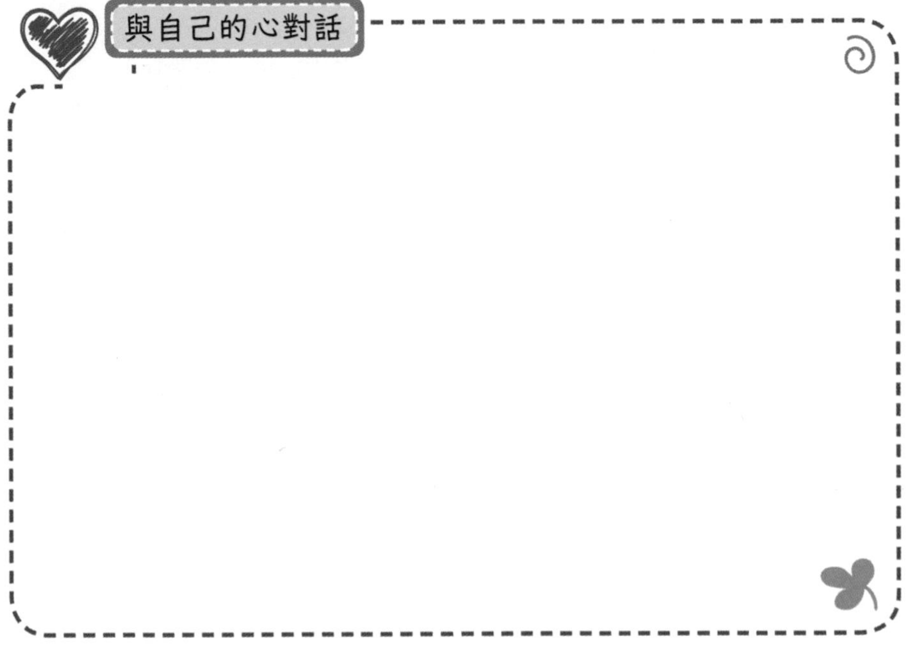
與自己的心對話

第十章

我的喜樂與哀愁：認識我的情緒

1 情緒的多面性

情緒是外在事務（包括言語、行為、景象、情況等等）引發我們內在的反應，反應可能是喜樂、愉悅，也可能是生氣或難過，通常我們會以「**正向情緒**」和「**負向情緒**」來表達。

情緒的範圍非常廣，也很細微，有些甚至要仔細分辨或咀嚼才能感覺得到。這裡列出一些情緒的表單：

正向情緒表單

- ☐ 喜樂
- ☐ 感恩
- ☐ 平衡
- ☐ 溫柔
- ☐ 溫暖
- ☐ 愉快
- ☐ 開心
- ☐ 寧靜
- ☐ 平安
- ☐ 善良
- ☐ 輕鬆
- ☐ 舒暢
- ☐ 期待
- ☐ 光明
- ☐ 關懷
- ☐ 興奮
- ☐ 熱愛
- ☐ 忍耐
- ☐ 熱情
- ☐ 希望
- ☐ 其他（可自填）________

負向情緒表單

- [ ] 害怕
- [ ] 討厭
- [ ] 生氣
- [ ] 鬱悶
- [ ] 煩惱
- [ ] 憤怒
- [ ] 沮喪
- [ ] 恐懼
- [ ] 緊張
- [ ] 被排斥
- [ ] 失望
- [ ] 尷尬
- [ ] 驚慌
- [ ] 壓迫感
- [ ] 罪惡感
- [ ] 困惑
- [ ] 丟臉
- [ ] 寂寞
- [ ] 不安
- [ ] 手足無措
- [ ] 其他（可自填）________

在正向和負向情緒表單上，勾選自己常有的情緒狀態，可以複選。透過所勾選的情況，可以檢視自己日常的情緒狀態，如果正向情緒多於負向情緒，基本上表示自己最近的狀態較為樂觀正向，反之則可能較為低潮沉悶。

如果檢視出自己最近的狀態較為樂觀正向，此時人們看到的你多半是面帶微笑、溫暖平和。這時候即使遇到困難的挑戰或是小挫折，你多半會一笑置之，不以為意。

但是如果你檢視出自己最近的狀態較為低潮沉悶，此時人們看到的你多半是面容低沉、鬱鬱寡歡。這時候即使遇到稍有困難或是小小挫折的狀態，你也很可能會情緒失控，與人發生衝突，或是暴走，或是哭泣，甚至會做出讓自己在事後非常後悔的舉動。

由此可見，情緒對人的影響真的很大，需要我們多費一些心思去面對與學習。

2 不當發洩情緒的後果

著作等身、擅長演講的戴晨志老師曾經寫了〈憤怒父親兩巴掌的代價〉這篇文章。在這篇文章裡面，小玲是個三歲的小女生，她的爸爸個性易怒且衝動，常與妻子起衝突。有一天，媽媽少了一千元，媽媽認為是爸爸偷拿的，並且根本不聽爸爸的解釋，爸爸因此感覺很憤怒。沒想到錢竟然是小玲拿的，爸爸知道後一氣之下就打了小玲兩巴掌。這兩巴掌造成小玲的耳膜破裂，一個耳朵全聾，完全聽不見；另一個耳朵半聾，要戴助聽器才能聽得見，而且身體的平衡感也很差。

其實，小玲並不懂錢的意義，只是看到花花綠綠的錢很好看，就無意地拿了，並不是存心偷錢。但是爸爸在憤怒中卻沒有想到小玲只是一個三歲的小孩，情緒失控之下就造成了小玲終身的殘障。

故事中的每一個人都抱著終生的痛苦：小玲從此聽障，小玲的父親將承受永遠的負罪感，小玲的母親也永遠擔憂小玲未來的生活。這些慘痛的後果，起源竟只因為一時的情緒失控而造成，令人嘆息。

3 情緒探索

近年來，和情緒主題相關的書籍有如雨後春筍般地出版，可見這個主題備受重視。的確，情緒對每一個人的影響遠遠超乎我們的想像。情緒不受教育程度、經濟狀態、社經地位等的影響；相反地，情緒會影響人際關係，不管是家庭、同儕或職場等。

情緒也會影響學習與工作的成果，甚至人生的方向與未來的發展。情緒對人的一生影響很大，非同小可。

面對影響我們這麼重大的情緒問題，我們需要更好地來了解情緒的由來，並且學習如何面對和處理自己的情緒，成為情緒的主人，而非情緒的奴隸。

發現自我情緒的面貌

我們每天因為內在和外在因素所引發的情緒有千百種，情緒總是千變萬化，對人的影響很大。我們可以透過以下的方式去發現自己內在的情緒，並且學習如何去面對並處理。

小活動

情緒狀態與面對方式

1 請寫出記憶中兩件「愉快」的事情，以及當時的情緒狀態。

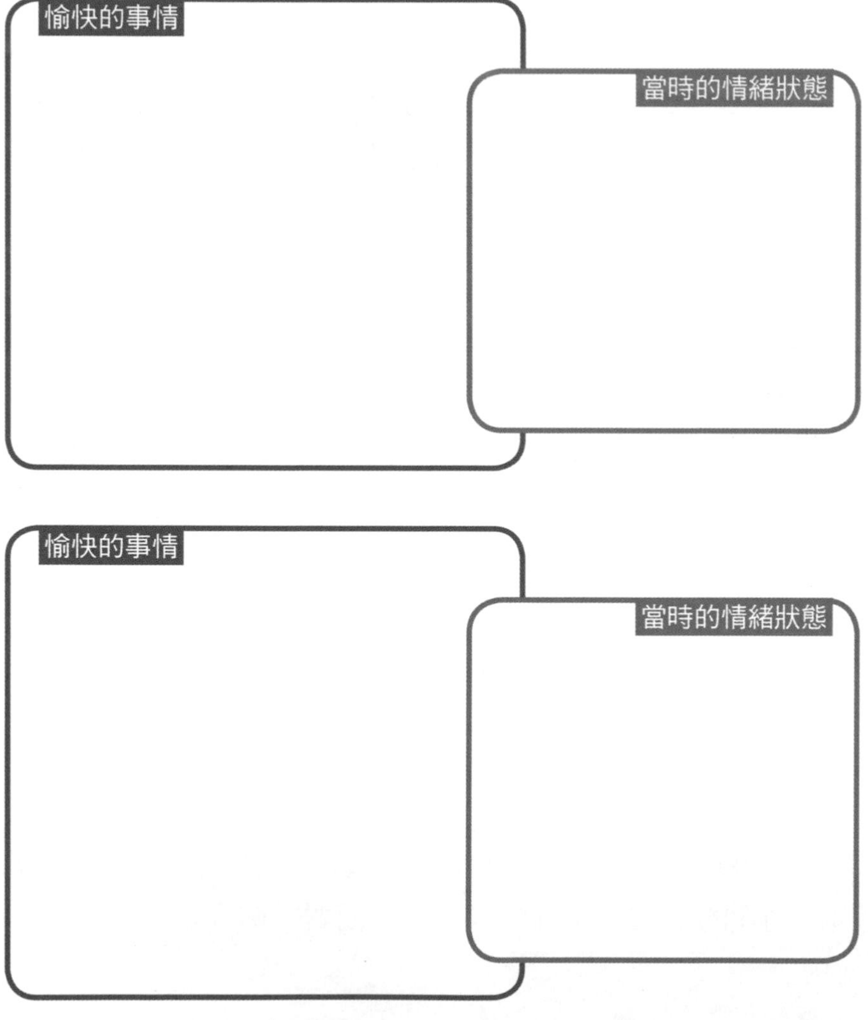

2 請寫出記憶中兩件「不愉快」的事情，以及當時的情緒狀態和面對的方式。

找出情緒的來源

情緒來自過去的經驗，尤其是原生家庭的影響。有些影響是正向，當然也有非常負向的情況。例如：

♥ 正向的影響

1. 家人之間的相處非常溫馨，大家彼此關懷，笑語不斷，培養出與人和善相處的態度，常常保有溫暖柔和、輕鬆愉快的情緒。
2. 小時候和兒時玩伴相處融洽，很喜歡敞開心扉與人分享，每天都能保持熱情與喜樂的情緒來和別人相處。
3. 在家裡常常受到父母親的肯定與讚美，對自己建立自信，更能懷有希望地面對各種困難的挑戰。

負向的影響

1. 從小至今，家人的相處有如戰場，稍有差錯就會暴力相向，因此養成滿口粗話、衝動好鬥的個性，每天都處在憤怒與自我保護的情緒中。
2. 曾經被好朋友背叛，所以無法敞開心胸和他人建立友誼，甚至懷疑人與人之間不會有真正的情誼。
3. 曾經在十字路口等候左轉燈亮時被大卡車撞到，所以只要來到左轉路口，內心就會莫名地惴惴不安。

4 如何擺脫負向的情緒

種種的情緒來源因人而異，所衍生的後果也都不一樣。基本上，人在溫暖的環境與互動中所形塑的性格，以及隨之而來的情緒狀態都能呈現出正向的氣息；反之，冷漠與衝突不斷的生活狀態，容易造就負向的性格與情緒。

不過，如果我們能夠意識到負向情緒和行為對自己所帶來的影響，並且願意加以扭轉，那就可以擺脫負向情緒的綑綁與束縛。那麼，要如何才能幫助自己擺脫負向情緒的綑綁與束縛呢？

活動 回想自己遇到負向情緒時所採取的回應方式

1. **壓抑情緒**：將不好的情緒隱藏起來，不要去想就好了。有些人遇到令自己生氣的事，卻又怕在爭論中會引發不好的後果，就會將負面情緒壓抑在心裡。有的人在負面情緒升起時，就會以其他事情來轉移，避免自己沉入在負面情緒中。

2. **否認情緒**：有些人不願意承認自己的負面情緒，即使當下已經氣得臉紅脖子粗或是雙手緊攢、渾身顫抖，卻仍然說：「算了，我沒事，我沒有生氣」，但真的沒事嗎？

3. 其他：________________________

♥ 建議的處理方式

1. 先要清楚地知道，「情緒」是內心狀況的自然反應，情緒本身沒有好或壞，也沒有對或錯。

2. 尋找可以幫助自己的老師、輔導、心理諮商師，幫助釐清情緒的狀態，尋找情緒的來源和良好的出口，讓自己可以解除負面情緒所帶來的困擾，進而能夠放鬆地面對生活。

3. 學習放下或釋放過去的負面經驗（原諒自己或是他人），讓自己沒有心理負擔，才可能擁有平安、喜樂的生活。

4. 選擇將過去美好的記憶存放在心中，讓自己擁有「好心情銀行」。可以讓自己常常存入好心情，在有需要時，可以藉由提取好心情來釋放生活中的負面情緒。

5 結語

認識自我的情緒反應，是認識自我的重要起點，也是增加自我情緒管理（EQ）的重要功課。每天面對生活，情緒好也是一天，情緒壞也是一天，何不讓自己可以擁有面對負面情緒的解決能力，並且輕鬆愉快地面對生活中的挑戰呢？

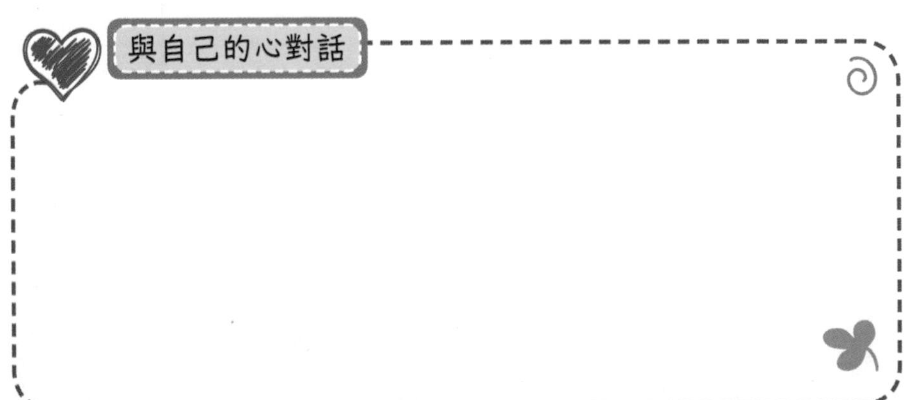

小活動

情緒存提款單

1. 每人銀行存款基本為 1,000 元。
2. 每存進一件正向情緒就加上 50 元，
   每提出一件負向情緒將減少 50 元。

日期	存款事項（正向情緒）	提款事項（負向情緒）	存款餘額
	基本存款		1,000 元
00/00/00	和同學聊天很開心		+50
00/00/00		與同學吵架很難過	-50

認識我的內在世界（1）：聆聽內在的聲音

1 如何靜心

我們處在聲光繽紛、知識與資訊豐富傳遞的時代裡，所謂「秀才不出門，能知天下事」，這句話在現代社會體現得淋漓盡致。但是，這樣的生活也往往讓人迷網，太快的訊息交替，讓我們感覺跟不上社會或世界的腳步。當有些訊息觸動我們的內心時，往往沒有時間去吸收與消化，即使有一天想要再回顧一番，卻發現這訊息或資訊早已不知流浪到哪個網路平台了。我們就是這樣在豐富無邊的資料庫中往來漂浮著，心靈忙碌或茫然地穿梭在龐大而紛雜的世界中，找不到安置的處所。

事實上，外在因素之所以會擾亂我們的內心，絕大多數都是因為和自己有切身的關係，所謂「關己則亂」。另外，也可能是我們還沒有學習如何去安頓自己的內心，所以很容易隨風浮動。那麼，要如何才能讓自己的心靜定下來呢？

活動　記錄四周所聽到聲音

❶ 學生帶著筆和一張紙，跟老師一起到戶外，在一定的範圍內找一個地方或站或坐。

❷ 深呼吸幾次，讓自己感覺到心跳緩和下來，感受寧靜。

❸ 彼此之間不要交談，保持靜默，靜聽四周各式各樣的聲音。可以在聽到聲音的當下做記錄，或是先默記在內心，等結束後再全部記錄在紙上。

❹ 可以繼續待在戶外，讓同學席地而坐，或是可以全班回到教室。

1. 以三到四人為一小組。
2. 分享自己聽到的聲音有哪些。當一位同學在分享時，其他同學可以參看自己所記錄的內容。
3. 比較一下彼此之間有哪些聲音記錄是相同的？又有哪些是不一樣的？
4. 每組派代表報告。

❺ 自我反思

1. 我和同學記錄的內容有哪些不同，為什麼？

____

2. 我多記錄了哪些？或是少記錄了哪些？為什麼？

____

❻ 老師引導：小故事分享。（見下頁）

我的哥哥有一個外孫女，因父母工作的關係，從小由外公、外婆陪伴長大，與外公、外婆間有著濃厚的祖孫之情。上了小學之後，早上由爸媽送她上學，中午就由外公或外婆接回。

有一次，我的哥哥隨口分享了一個經驗。這天中午，他來到學校外面等候外孫女放學。校門外有許多家長，其中大多數都是白髮皤皤的長者，可想而知都是來接孫兒女的。

放學的鐘聲響起，一群身穿體育服、頭戴體育帽、身高差不多的小朋友列隊走出來，一出校門就一哄而散。我的哥哥站在校門外，正在努力搜尋外孫女的身影時，突然在嘈雜紛亂的聲響中，一聲稚嫩的喊聲「外公」傳入了他的耳中，他聽出了外孫女的聲音。

我的哥哥最後很感動地說：「自己帶大的孩子就是很親，那麼吵的環境中我一下就能聽得到她的聲音。」

是啊！熟悉的人，熟悉的聲音，可以立即進入耳中。

然而，在我們的日常生活中，我們是否也能夠如此立即聆聽到自己內心的聲音呢？

2 我與內心的距離

我們每天忙於應付生活中的各種事情，也忙著學習和課業相關的各種知識與技術，再加上社團的活動和人際關係的往來，有時候就像陀螺不停地轉呀轉的，似乎只能在氣力用盡的時候才停止下來。

這樣的生活讓我們的內心很容易逐漸地陷入盲目與茫然，我們在忙碌中感受不到自己內心的真實感覺，也看不清旁人臉上悲傷的表情，我與自己以及他人之間逐漸形成了一道疏離網。我們在忙碌中不清楚自己將何去何從，因此只能隨著人流飄蕩。

當我們看不到別人臉上悲傷的表情時，往往也看不清自己內在的心情狀態。的確，人在忙碌中很不容易聽到自己內在的聲音，「我很難過」、「我好焦慮」、「我好孤獨」。

當我們在忙碌或是在人流中飄浮的時候，也和自己的內心在不知不覺中逐漸分離，這時將聽不到自己內心的吶喊與呼喚，久而久之，就和內心好似分裂一般。一旦處在這種情況，就會感到不安、茫然，找不到自己的生命方向。

想要擺脫這樣的狀態嗎？想要安頓自己的內心，讓自己可以更好地面對人生嗎？你需要**學習靜下心來聆聽與感受自己的內在狀態**。在靜心體會中，你可以找到自己的心。

透過這次課程的活動，在靜心與大自然的連結中，去體驗各種聲音，也學習感受自己內心的呼喚。另外，也藉著讓自己學習靜心的方法，來增強自我安定的能量，養成沉靜的生活態度，如此就能進入內心，加深對自我的了解。

靜心的時間可以隨時隨地，有時候在下課時讓自己安靜一分鐘，什麼也不要做，只是靜靜地深呼吸就好。

有時候可以在坐車返家的途中，閉上眼睛做深呼吸，讓自己感覺到心的寧靜。

有時候可以在回宿舍的途中，坐在校園的長椅上靜靜地深呼吸，或是＿＿＿＿＿＿＿＿＿＿＿＿＿＿＿＿＿＿＿＿。

當自己確定安靜下來時，就可以回想今天所做的事、所說過的話。如果有什麼可以讚美自己的，可以在內心給自己按一個大大的「讚」。

如果是發現有些不如意的情況，或是感到內心有些委屈、難過等等的負面情緒，也可以先消化並轉化這些情緒，再想想如何可以改變這種情況，也或者可以想想要尋求什麼人來幫忙自己改變負面的情況。

每天給自己五到十分鐘，讓忙碌一整天的自己有一個安定內心的時間與機會，這樣能夠有助於保持清新且正向的心思和樂觀開朗的笑容。

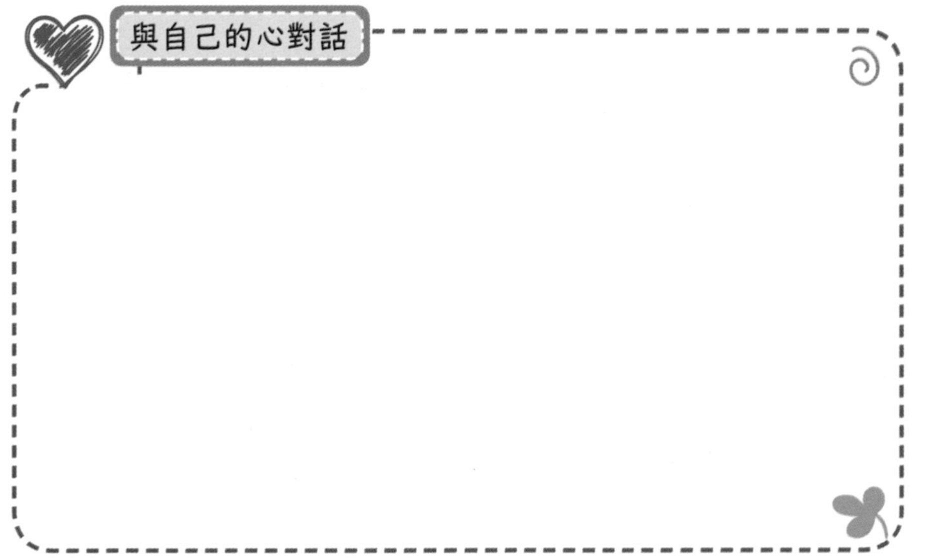

小活動

靜心的步驟與基本的方法

1 準備音樂並播放（例如輕柔的、冥想的、瑜珈的等等）

2 輕鬆地坐著，背部要直，與臀部呈現90度，但不可太挺或僵硬。

3 大腿與小腿約呈現90度，腳底平放在地板上，不要交足。

4 雙手輕鬆地放在大腿上，手指自然安放，不要抱胸。

5 可去除身上會束縛自己的物件，例如眼鏡、手錶等。

6 輕輕閉上眼睛。如果眼皮無法完全閉上，可以將目光下垂，注目在鼻尖等部位。

7 將牙關節放鬆，舌尖可以輕抵在上顎內側與牙齒的交界處。

8 調整呼吸，將空氣吸到腹部（即所謂的丹田，在肚臍下約兩指半到三指寬的地方），再慢慢地呼出，呼吸的速度可隨自己的習慣，但最好比平時的方式慢一些、深一些。

9 在做靜心的時候，有時腦中會出現一些事件或畫面，不管這些事件或畫面是令人開心的或是煩惱的，都把它想像成天上的浮雲，讓它慢慢的飄走，不要抓住它（不要順著事件或畫面的出現而往下想）。

10 開始練習靜心時，可先專注在你的呼吸上，感覺清涼的空氣從鼻孔吸入，經過鼻腔、氣管，到達丹田；然後再將內心可能有的煩躁、苦惱等等，隨著氣息慢慢地呼出來。去感覺鼻孔涼涼與熱熱的氣息彼此的交替，也讓內心逐漸的安定下來。初學者可以練習用鼻子吸氣，感覺涼涼的空氣由鼻孔吸入，再將內心可能有的煩躁、苦惱等等的氣息從口腔慢慢地呼出來。

11 開始練習靜心時，最少是十分鐘，習慣之後可以將時間逐漸加長。

12 靜心結束時，可再做三次深呼吸，然後慢慢打開眼睛。

13 可將雙手搓熱後敷在雙眼或是脖頸上、或是身體某些感覺僵硬疼痛的部位，然後活動自己的身體。

14 如果靜心之後感覺精神振奮且清晰，建議可將靜心的活動安排在早上；如果靜心之後感覺身體柔軟放鬆，建議可將靜心的活動安排在睡覺前。

第十二章

認識我的內在世界（2）：我的價值觀

1 價值觀的變動性

「**價值觀**」傳達的是人內在生活行動的傾向和準則，甚至是原則，這些價值觀會引導我們在日常生活中有所抉擇。例如，我認為「愛」很重要，所以我願意因為愛的緣故而付出我的時間、心力等等。或者，我認為健康很重要，所以在生活中我非常注意和健康有關的議題，並且身體力行，為此我努力抗拒美食的誘惑，用心安排運動的時間，注意自己的生活作息。

人可以擁有許多的價值觀，這些價值觀有些是生命行動的基準，一生不會改變，例如誠實、善良等等。這些行動基準將影響我們面對生活中的各種挑戰而有所抉擇，決定我們是要有所為或是有所不為。

然而，有一些價值觀則會因應成長過程而有所調整，例如，人在求學時代的價值觀可能是用功讀書以獲得好成績，進入職場後可能是努力賺取人生的第一桶金，到了老年則特別重視身體的健康。

在這一章裡面，我們希望能夠讓同學們從活動中去認識自己目前的價值觀，也可以**發現自己還可以學習或發展哪些價值觀**。如此，可以幫助自己擁有更適切且更豐富的生命。

活動 1　交換價值觀

聰明的	維護國家安全的	能自由選擇的	追求藝術的
有禮貌的	有英俊美麗外表	創造力十足的	事業有成的
有能力的	維護社會正義的	擁有真誠情誼的	獨立生活的
能愛人的	致力於世界和平的	追求社會公益的	擁有愛情的
有人緣的	對社會持續的貢獻	犧牲服務的	才華洋溢的
有名聲的	有自由支配的時間	誠實無欺的	家世顯赫的
無偏見的	與他人平等	造福人群的	道德高尚的
有財富的	健康有活力的	衣食無缺的	信仰堅定的
能感受自然之美	有人生智慧的	內心和諧的	追求真理的
擁有幸福的家庭	謙和有教養的	擁有權勢的	條理分明的

1. 上面列出了40個價值觀的描述詞，在活動中每位同學會收到五張小紙條，每張紙條上都有一個價值觀。
2. 請同學從這五張價值觀中先挑出自己不喜歡的，然後在五分鐘內和同學交換自己想要的價值觀。活動結束後，每位同學的手中仍應該擁有五張價值觀。
3. 經過一番尋找、遊說和交換，同學們都擁有自己所喜歡的價值觀了嗎？將這個過程記錄下來。

活動 2 價值觀排行榜

01. 善良	11. 尊重	21. 熱情	31. 愛情
02. 孝順	12. 機車	22. 才藝	32. 快樂
03. 慷慨	13. 平安	23. 自信	33. 溫暖
04. 同理心	14. 好人緣	24. 健美身材	34. 重視外表
05. 藝術才藝	15. 名牌服飾	25. 學業成績	35. 事業成就
06. 友誼	16. 財富	26. 樂觀	36. 關懷
07. 信仰	17. 自由	27. 積極	37. 環保
08. 聰明	18. 誠實	28. 毅力	38. 健康
09. 幽默感	19. 名聲遠播	29. 手足親情	39. 家庭幸福
10. 地位權勢	20. 仁慈寬恕	30. 平板電腦	40. 慈善捐款

❶ 從以上所列出的項目中，選出最想擁有的五項，並說明原因。

1. 我選了＿＿＿＿＿＿ 因為 ＿＿＿＿＿＿＿＿＿＿＿＿。
2. 我選了＿＿＿＿＿＿ 因為 ＿＿＿＿＿＿＿＿＿＿＿＿。
3. 我選了＿＿＿＿＿＿ 因為 ＿＿＿＿＿＿＿＿＿＿＿＿。
4. 我選了＿＿＿＿＿＿ 因為 ＿＿＿＿＿＿＿＿＿＿＿＿。
5. 我選了＿＿＿＿＿＿ 因為 ＿＿＿＿＿＿＿＿＿＿＿＿。

❷ 如果你喜好的價值觀沒有列在表格中，就把它寫在下面：

1. 我選了＿＿＿＿＿＿ 因為 ＿＿＿＿＿＿＿＿＿＿＿＿。
2. 我選了＿＿＿＿＿＿ 因為 ＿＿＿＿＿＿＿＿＿＿＿＿。
3. 我選了＿＿＿＿＿＿ 因為 ＿＿＿＿＿＿＿＿＿＿＿＿。

❸ 找三位同學來分享，看看你選的價值觀跟同學所選的有什麼異或同？

❹ 你在活動中有什麼感受？例如，遊說他人很不容易，所以有點沮喪，如果換到想要的，就很開心。
或是 ＿＿＿＿＿＿＿＿＿＿＿＿＿＿。

活動 3 價值觀大拍賣

01. 善良	11. 尊重	21. 熱情	31. 愛情
02. 孝順	12. 機車	22. 才藝	32. 快樂
03. 慷慨	13. 平安	23. 自信	33. 溫暖
04. 同理心	14. 好人緣	24. 健美身材	34. 重視外表
05. 藝術才藝	15. 名牌服飾	25. 學業成績	35. 事業成就
06. 友誼	16. 財富	26. 樂觀	36. 關懷
07. 信仰	17. 自由	27. 積極	37. 環保
08. 聰明	18. 誠實	28. 毅力	38. 健康
09. 幽默感	19. 名聲遠播	29. 手足親情	39. 家庭幸福
10. 地位權勢	20. 仁慈寬恕	30. 平板電腦	40. 慈善捐款

❶ 假設每位同學都擁有一百萬，你可以選擇想要購買的東西，但要遵守以下的原則：

1. 如果同樣一件東西有多人想要購買，則由出價最高的人得標。
2. 每次喊價，拍賣官喊三次後即結標。

3. 共有一百萬可自由支配，用完為止，不可向他人借貸。
4. 每件物品由一萬元起跳，加價以五千元為基準，其餘不受理。

❷ 活動成果及感受

1. 本次活動中總共買了幾項價值觀？
   總共花了多少費用？把它寫下來。

____

____

____

2. 其中最昂貴的是哪一項價值觀？
   花了多少費用？購買的原因是什麼？

____

____

____

3. 在拍賣會的過程中，可能有以下幾種狀況，
   表達你的情況與感受。

☐ 你順利的買到你喜歡的價值觀，感覺如何？

____

____

☐ 你無法順利地買到你想要的價值觀，只能退而求其次，感覺如何？

____

____

☐ 你買到自己並不喜歡的價值觀，感覺如何？

____

____

☐ 你沒有買到任何一項價值觀，感覺如何？

____

____

☐ 你根本不想買表單上的價值觀，為什麼？

____

____

☐ 有什麼你想買卻未列入表單上的價值觀？
如果有，你想要花多少費用買下來？

____

____

❸ 小組分享

❹ **老師引導：**每個人都具有三種層面：物質化層面、社會化層面、真我層面。這三種層面將在下文詳細說明。

2 物質化層面、社會化層面、真我層面

物質化層面

我們有時候僅只是統計上的一個數字而已，例如我們到醫院就診，我們需要抽號碼牌，並依序掛號、就診、繳費、取藥，每一個環節我們似乎都變成了某個數字的代表。

又例如我們到銀行辦理事務，也需要取號碼牌依序排隊。所以，在短暫的時間內，我們似乎只是物質化中的某個數字而已，這種時候就無法顯示出自己的價值觀到底如何。

社會化層面

除了特殊的原因外，我們都是生活在群體中。在人際關係的互動往來中，我們會因應各種情況轉換成不同的角色或職務。

例如，我在家是女兒／兒子、孫子／女、姪子／女、兄／姊、堂弟／妹。到了學校我是同學、學兄／姊或學弟／妹、服務股長、社團總務長。進入職場後，我是管理者或被管理者等等。

仔細回顧，從生命的展開之初，我就已經因應各種因素在各種角色之間不停地轉換。然而在這種狀況中，一般的情況下似乎也顯現不出內在價值觀對自己的影響力。

真我層面

物質化層面讓我們的真實內在隱藏不彰，社會化層面也讓我們在頻繁的角色轉換中僅能顯露外在的自己，這兩者都無法呈現出真實的內在情況，尤其是內在的價值觀。但是，真我層面常隱藏於內在深處，有時需要加以思考，有時需要花些心思去探索。

這一章所談的價值觀也是如此，我們需要靜下心來向內心探索，才有可能體會到自己的價值觀如何影響自己的行事狀態。

3 周哈里窗理論

1955年，美國社會心理學家Joseph Luft（1916–2014）和Harry Ingham（1916–1995），提出了**周哈里窗**（Johari Window）理論，用來顯示「自我認知」、「行為舉止」和「他人對自己的認知」之間的差異。周哈里窗分割為四個範疇：

周哈里窗四個區塊和範疇

在眾人之前的
自我塑造範疇

我知／你知

這是一個**公開的我**，例如我今天穿了一件藍襯衫、我的鼻子很高，大家都看得見，沒有什麼隱藏的。

被眾人所知
但自我無意識範疇

我不知／你知

這是**自己沒有意識**的部分。例如我的嘴角有飯粒、我緊張時無意識的小動作，如果沒有他人的提醒，我可能完全不知道。

我知／你不知

這是我的**內在狀況**，例如我內心的小秘密、我沒有說出口的心意，除非我自己願意說出來，否則沒有人會知道。

自我有意識地
在眾人面前保留的範疇

我不知／你不知

這是太深刻**隱藏在我內心**的情況，例如我不知道為什麼我常常做惡夢，除非經過努力的探索，甚至進行心理諮商，否則是難以發掘出來的內在狀況。

眾人和自我皆無意識
範疇（又稱為潛意識）

4 結語

人是很複雜的，有外在的我（我的外貌、我的喜好），也有內在的我（積極我、消極我或獨特我）。無論外在我或是內在我，都是我的一部分，都很重要且不可分割。

我們打從出生那一刻起，就生活在家庭與人群中，從懵懂無知時就受到家庭環境和別人的引導與影響，因此漸漸形成了現在的我，並且影響著未來的我。

同樣地，我的價值觀也是在這種情境中逐漸培養而成，但是不論我的價值觀如何，只要能將我帶往正向光明、積極樂觀的狀態中，並且讓生命更加開展，這個價值觀就是對我有益的。

反之，如果某個價值觀和隨之而來的行為，讓我找不到生命的方向，或是無法與人建立適當的人際關係，或是影響自己的健康情況等等，這時候就需要學習修正、調整或是重建自己的價值觀。

此外，**價值觀的養成有很多外在或內在的因素**，有的來自於家庭教養的薰陶，有的是見賢思齊的學習。不管如何，我們應該要學習認識自己的內在特質，不為了討好別人而「同化」或「迎合」，也不為了故意展現自己而「特立獨行」。

在這一章裡面，價值清單上所呈現的每一個描述詞都是正向的，我們因為個人的家庭因素、個性、喜好等等而有不同的選擇，這些不同的選擇和隨之而來的行為模式，都取決於我們內在的價值傾向、價值觀，並進一步形成個人的行事風格。

只要是自己內在的真實選擇，也無害於他人和團體，都可以形成屬於自己的獨特性。但最重要的是：

- 我是否真的了解自己的內在特質？
- 我是否真的確認自己的價值傾向？
- 我的價值傾向是否能夠讓自己未來的生活更美好？

認識內在的自我並不是一件容易的事，但是願意面對自己，這就是好的開始。祝福每一位在學習如何形塑自己生命的人，都能找到自己的生命方向。

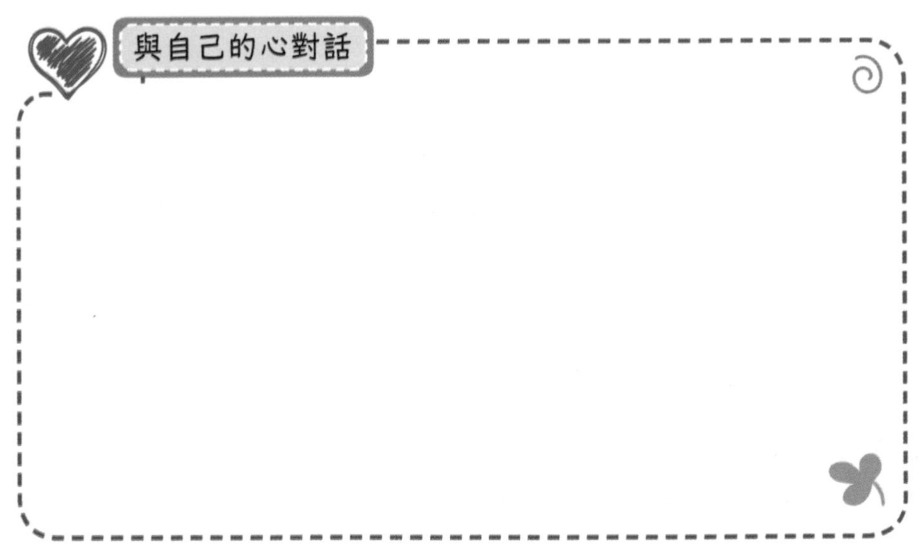

第十三章

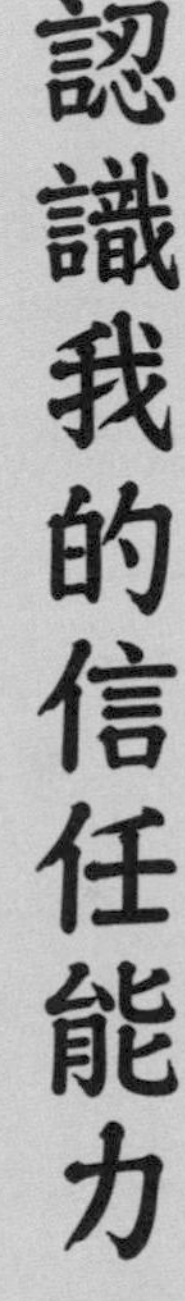
認識我的信任能力

1 認識自己的信任感

「信任」是人與人之間在生活中長期培養及建立的的一種關係，也可以說是一種能力。心理學家艾瑞克森（E. H. Erikson, 1902–1994）表示，在心理社會發展理論的八個階段中，第一個階段的發展任務與就是「信任與不信任」。信任感建立於嬰兒期（零歲到一歲），這個時期的生活狀況會造成嬰兒產生信任和不信任的基本心理狀態。

信任與不信任感的產生，受到過去生活經驗的影響，尤其和兒時家庭相處的狀態和求學的經驗息息相關。換言之，幼兒是在正向環境還是負向環境中成長，會影響信任或不信任的態度與能力。

例如，小嬰兒沒有什麼生活能力，完全依靠照顧者對他的照護。當小嬰兒肚子餓了或尿布濕了，他會用哭聲來表達，以吸引照顧者對他的注意。這時，如果照顧者很快就來到他的身旁抱起

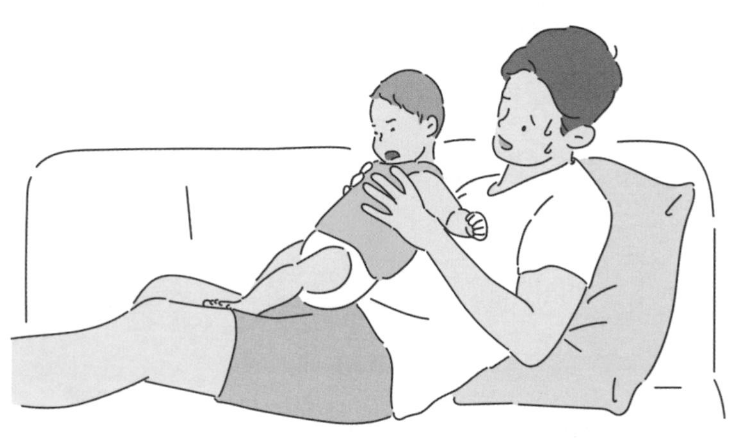

他，給他所需要的牛奶或是幫他換下潮溼的尿布，小嬰兒的需求被滿足了，他就會發出開心的笑聲，並且對照顧者產生依賴與信任的感覺。在這種環境中長大的小孩，也會對自己產生自信與正向的自我感。

反之，嬰兒如果常常受到冷落，他對照顧者就可能會產生不信任的感覺，也無法建立自信與正向的自我感。

除此之外，在求學過程中，我們和師長同學的互動關係，也會產生很大的影響。例如，在正向家庭成長的孩子進入學校，師長或同學和他的互動關係也會很正向，我們可以預見這樣的孩子長大後，會形成樂觀自信、與人為善的個性。反之，在負向環境成長的孩子，當他進入求學階段時，他和師長同學的互動關係也多半會是冷漠和忽視的，不容易建立起對人的信任與依賴。

不過，信任感雖受過去生活經驗的影響，但是只要**自己有意識地發現自己的真實狀態，自己也想正向成長**，那麼就有機會扭轉自己的人生態度。以下的兩種活動，將有助於我們去自我發現。

活動 1 聾子與盲人

❶ 活動規則

1. 帶大家到戶外進行活動，兩人分成一組。
2. 一位扮演聾子（戴耳塞），另一位扮演盲人（戴眼罩）。猜拳來決定誰先扮演什麼角色。
3. 細細地去體驗自己所扮演的角色，十分鐘之後再角色互換。（不可惡作劇）

❷ 省思

1. 當聾子是什麼樣的感覺？

____

____

____

2. 當盲人是什麼樣的感覺？

____

____

____

3. 我有確實扮演好聾子或盲人的角色嗎？
我有忠誠可靠地引導同學不要受傷害嗎？

4. 當別人惡作劇時，我有什麼感覺？
當別人很貼心時，我又有什麼感覺？

5. 在這個遊戲中，我對別人的信任有多少？為什麼？

6. 在這個遊戲中，我對自己的信心有多少？為什麼？

❸ 小組分享：大家一起分享和討論心得。

活動 2 自信與信任的遊戲

❶ 活動規則

1. 帶大家來到戶外進行活動，七到八人分成一組，同學輪流當主角。

2. 主角站在中間，其他同學當救援者，站在主角身後圍成半圓圈。救援者與主角之間要有一大步的距離（距離可視主角的需求而定）。

3. 主角做完以下三個動作之後，換下一位當主角，直到全部輪流完畢。這三個動作是：

   ⓐ 眼睛張開，雙手自然下垂，向後倒，救援者們要以最安全的方式接住主角。

   ⓑ 眼睛張開，雙手抱胸，向後倒，救援者們要以最安全的方式接住主角。

   ⓒ 眼睛閉上，雙手抱胸，向後倒，救援者們要以最安全的方式接住主角。

❷ 省思

1. 活動過程中，當主角有什麼感覺？
   當救援者又是什麼感覺？

2. 當主角時，哪一個動作最讓自己害怕？為什麼？

3. 我有確實扮演角色嗎？

4. 我用什麼心態來面對我的夥伴？

5. 當別人很貼心時，我有什麼感覺？

6. 在這個遊戲中，我對別人的信任有多少？為什麼？

____

____

7. 在這個遊戲中，我對自己的信心有多少？為什麼？

____

____

❸ 小組分享：大家一起分享和討論心得。

2 信任感的培養

幼年的成長背景對人的影響很大，比如在這一章的活動中，發現自己對同學很沒有安全感，在當盲人時，無法相信同學會安全地引導；在自信與信任的遊戲中，無法信任後面的同學會將自己安全地接住。

不過，能夠在這兩個活動中發現自己的真實情況，也是一件很美好的事。一旦發現真實情況，就代表我們可以有機會去自我改變。雖然我們受到過去生活經驗的影響，但是在正確且正向的協助下，我們也可以扭轉過去負向的影響，幫助自己朝正向的目標開展。以下有一些小小的建議，希望能對有需要的同學們有所助益。

尋求協助

尋求外力（家人、老師等等）的幫助，學習正向看待自己。尋找一位可以幫助自己的人，如果在學校受到傷害，可以找可信任的家人；如果是在家庭中受到傷害，可以在學校尋求老師、心理師的協助。透過這些幫助來調整和安撫受傷的心靈，學習以正向的心態看待自己。千萬不要悶在心中，讓傷害無限量的放大而二度傷害自己。

學習放下

學習放下過去的心理包袱，學習寬恕自己或是傷害自己的人。傷害是一件事實，傷害的影響難以估計，但我們要讓自己永遠生活在傷害的後遺症中嗎？當然不要。那我們可以怎麼做呢？

在第五章，我分享的個人實例就是這一種情況。因為被同學惡整，導致我長年無法建立和女性朋友的信任關係，這種傷害不能說不大。幸好，我經過輔導的幫助，體會清楚事件對自己的深遠影響，也願意原諒這些同學，大家當時只是無知的孩子，他們對我所做的無知行為，就在我願意原諒（或者是放下、寬恕等等字眼）的意識中，內心的傷害被釋放了。

有人說，寬恕是不要讓別人的錯誤來傷害自己。的確，**寬恕是看到對方的錯誤，而讓自己從對方的錯誤中脫身出來，還給自己的生命一個自由的空間**，進而開展更寬廣的生命內涵。

培養思考和分辨的能力

培養正確的思考和分辨的能力，讓自己避免處於會受到傷害的情境。信任是一種關係，也是一種能力。培養正確的思考與分辨的能力，可以讓我們妥當地面對各種的人與事，在和別人相處時，我們可以藉由彼此的互動情況，來了解對方的行事風格。《論語．公冶長篇》有：

> 「子曰：始吾於人也，聽其言而信其行；
> 今吾於人也，聽其言而觀其行。」

聽其言而觀其行，就是要我們能學習思考與分辨的能力，這樣就能讓自己避免處於受傷害的情境中，進而結交到值得一輩子信任的朋友。

做出正確的選擇

培養處理事務的能力，勇於說「不」，使自己不受他人的欺騙與誘惑而受到傷害。在分辨出他人行事風格後，如果對方一言九鼎、說話算話，我們自然可以放心地與之結交；反之，我們需要明智地遠離說話不實的人，並且在發現對方的欺騙話語之後，能夠勇敢地拒絕對方，讓自己不會因此而受到傷害。

期盼在學習中培養信任能力，並藉此增加自己的自信心。

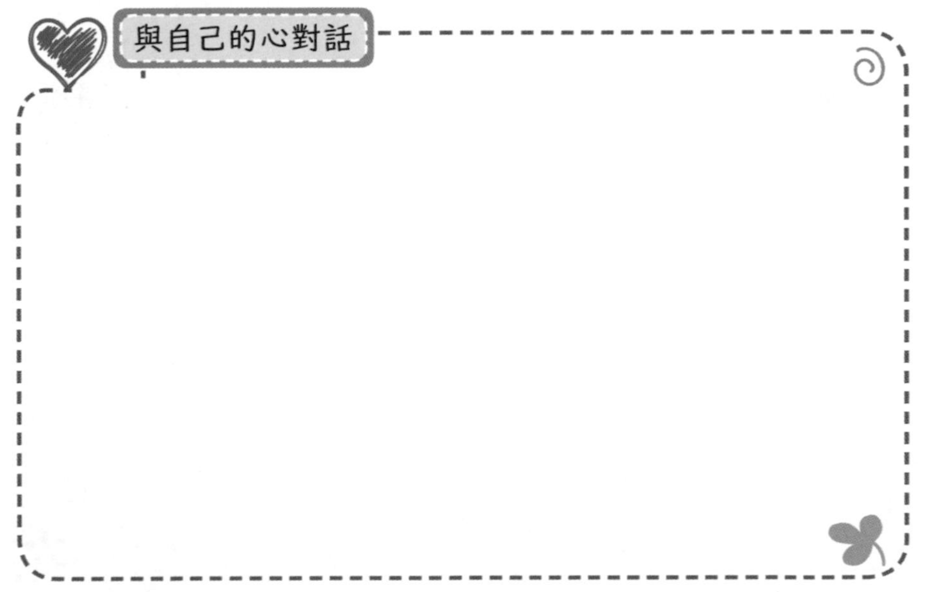

第十四章

認識我的內在潛力

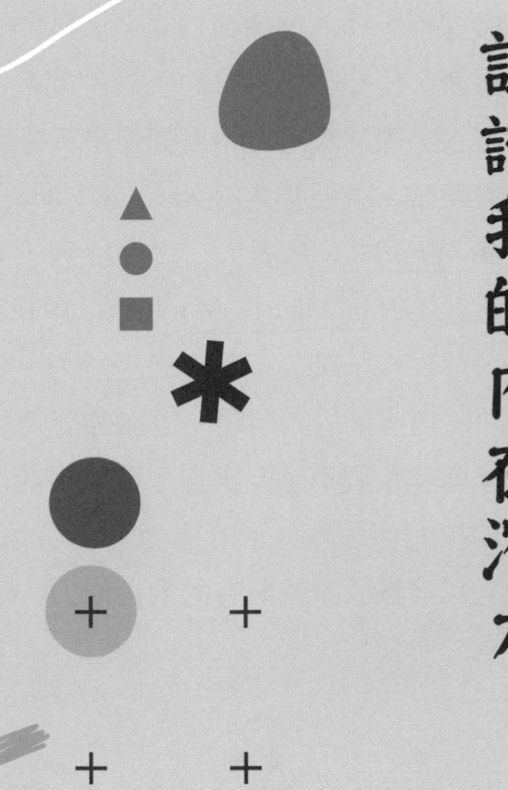

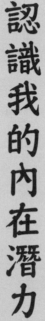

1 發掘自己的內在能力

2014年有一部法國科幻動作片《露西》（*Lucy*）上映，引發了「潛能開發」的議題。有報導顯示，愛因斯坦的大腦只開發了13%，有科學家認為人類大腦開發程度從3%–10%不等。坊間也有許多全腦開發課程，強調零歲到六歲是人腦的黃金時期，所以要趁早開發。然而，認知神經科學的學者洪蘭教授卻表示，大腦潛能開發是騙人的，因為每個人的大腦都是百分之百開發的。

心理學家愛德華・狄波諾（Edward de Bono, 1933–）在《六頂思考帽》（*Six Thinking Hats*）一書中提到，委內瑞拉智力推展部長馬恰多博士（Luis Alberto Machado, 1932 –2016），他在任內推動「思考」課程，讓孩童發展思考能力。這種思考能力能促使孩童從不同的角度來思考問題，以加強思考的廣度和深度。

在這一章裡面，我們不是要研究大腦的潛能開發狀態，也不是要探討委內瑞拉如何訓練孩童的思考力，而是希望**在「自我認識」的基礎上，可以發掘原本就擁有的內在能力**，並且加以開展。

2 從兩個範例中探索自我潛能

接下來，我們將透過兩個例子，台灣歌手周杰倫和美國無臂飛行員潔西卡·考克斯（Jessica Cox, 1983–）的經驗，來探索自己是否也具有屬於自己的潛在能力，並且可以進一步得到啟發，讓未來的生命更加發光發熱。

範例一　周杰倫追夢的執著與努力

周杰倫現在是家喻戶曉的歌手，但在他出名之前卻有著非常辛苦的一段奮鬥過程。

周杰倫從小就展現音樂天分，他的母親送他去學鋼琴、大提琴，但他的父親並不以為然。國二時，父母離異，他由母親葉惠美女士陪伴長大。

有音樂天分的周杰倫功課並不佳，甚至被某位老師直言他有智力障礙，但葉女士卻深信兒子的音樂天分，於是更努力地栽培周杰倫，讓他將來至少可以成為一名鋼琴師。

沒有考上大學的周杰倫在等待服兵役時，發現自己患有僵直性脊椎炎，這對他的人生打擊真有如雪上加霜。

為了幫助周杰倫展現天分與夢想，葉女士幫他報名參加「超猛新人王」的電視節目，周杰倫創作了「夢有翅膀」這首歌，卻因曲風古怪而失敗。

葉女士拿著「夢有翅膀」這首歌的曲譜，給當時台灣阿爾發音樂公司的老闆吳宗憲先生，深具慧眼的吳宗憲發現了周杰倫音樂中的寶，可惜他的曲風仍不為當時的歌手所賞識。

最後吳老闆下了最後通牒，要周杰倫在十天之內創作出五十首歌，只要能從中挑出十首歌，就幫他出唱片。周杰倫咬緊牙關努力創作，終於在十天中完成了五十首歌，吳宗憲先生從中挑出了十首，製成了周杰倫第一張專輯《杰倫》。

這張專輯問世後，很快被歌迷搶購一空，更獲得二〇〇一年台灣最佳流行音樂演唱專輯、最佳製作人和最佳作曲人三項大獎。第二張專輯《范特西》更形成了風暴，席捲了大陸、港台、東南亞整個華語歌壇，且獲得無數大獎。

周杰倫在母親的支持以及自己執著夢想中終於成功了。

範例二　潔西卡．考克斯的故事

潔西卡．考克斯患有罕見的先天性疾病，天生就沒有雙臂，但她從小積極參與體操、舞蹈等活動。小時候，當她受到歧視與排斥時，她會把負面的情緒和精力都發洩在各種體育項目上。她會游泳，也會雙截棍，慢慢地她學會了用正向思考去面對任何事情。

潔西卡用她的雙腳完成所有的事務，開車、自助加油、打字、裝扮，甚至她還可以用腳戴隱形眼鏡。

潔西卡積極地面對她的人生，她獲得亞利桑那大學心理學系的學士學位。她也學開飛機，在二十六歲時，成為第一個無雙臂的女飛行員。

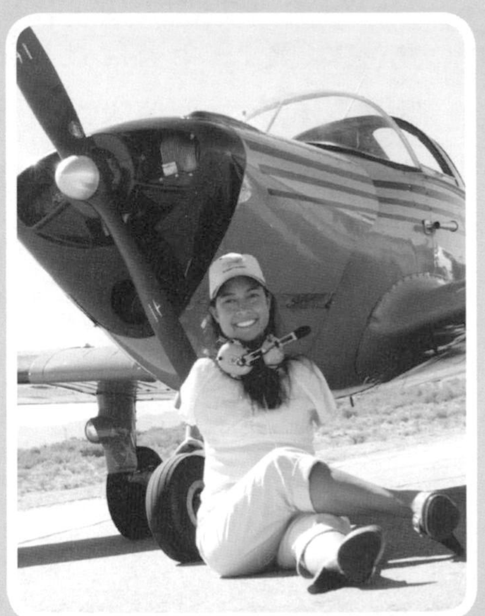

潔西卡是位出色的演講者，她也參與了國際兒童截肢網絡，以她自己的人生經驗來鼓勵無數身障的人們。

活動 周杰倫和無雙臂女飛行員

1 反思：在周杰倫和潔西卡．考克斯的介紹中，你看到什麼？

1. 他們都是生命中的勇士，在生活上克服自己的極限，突破困難，創造自己無限的潛能，你相信人的潛力無限嗎？

____

____

2. 你覺得自己有哪些潛力或能力是可以開發突破的？

____

____

3. 你如何看待生命中的逆境和挫折呢？

____

____

4. 這兩位人士的故事帶給自己什麼樣的啟示？

____

____

2 小組分享：大家一起分享和討論心得。

3 結論：人生有夢，築夢踏實

一個人的用心會影響生活態度，生活態度會養成生活習慣，生活習慣將形成一個人的性格，性格會影響一個人的命運。**要改變一個人的命運，得從培養正確而積極的態度開始。**

周杰倫與潔西卡．考克斯在人生的起步時都遇到很大的障礙，周杰倫的障礙是找不到未來生命的路；潔西卡．考克斯則是異於他人的身障限制。但是幸運的是，他們都有支持與肯定他們的家人。周杰倫在母親的支持下，終於展現了他異於常人的音樂特質。潔西卡．考克斯也在雙親的鼓勵下突破身體的限制，成為一位生命潛能的激勵者。

所以，即使沒有像電影《露西》那樣神奇的全腦潛能爆發，也沒有委內瑞拉政府推動的思考課程，我們依然能夠在自我認識的過程中，思考自己的生命中所待開發的潛能。

除了周杰倫與潔西卡．考克斯兩位以外，你的身邊是否有值得效法學習的對象呢？把他們找出來，以他們為榜樣，設定自己的方向，持續不間斷地朝著目標努力前進吧！只要開始，就有機會達成。只要願意，只要相信，只要踏實、用心，努力去做，終將擁有屬於自己的一片天！

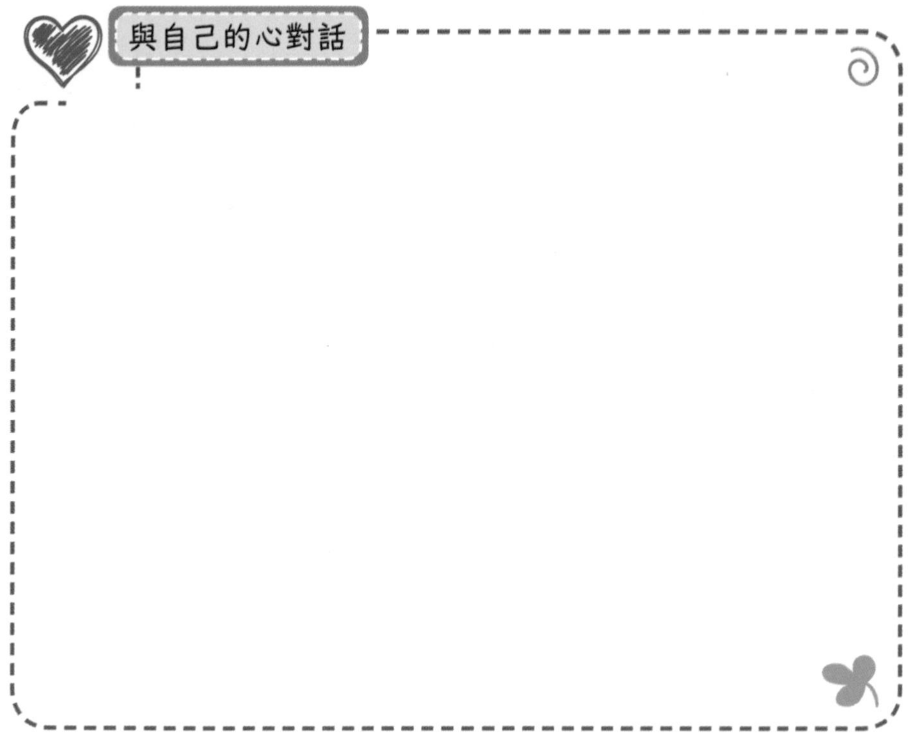
與自己的心對話

第十五章

總結

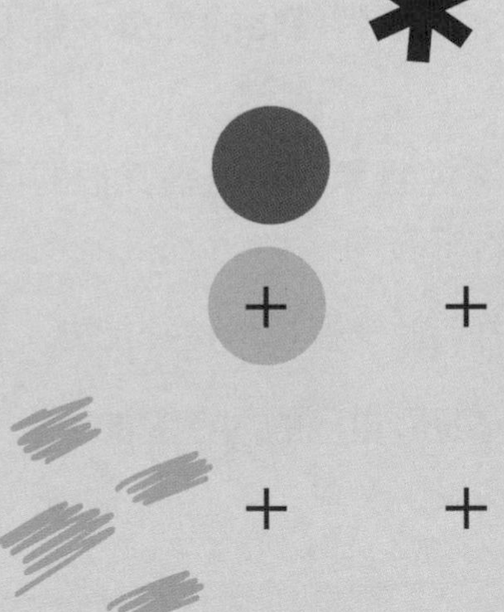

1 我的學習成果

回顧一下課程內容和活動內容，你有什麼樣的學習成果呢？

1. **在這些課程的活動過程中，自己是否有全心投入參與？**
2. **是否能活用課程的內容使自己的生活有所轉變？例如：**

   1. 覺察家庭對自己正向或負向的影響而開始調整。
   2. 發現自己的優點並加強，或是發現自己的不足而開始改變。
   3. 發現自己的情緒狀態，並學習轉化的方法。善用情緒銀行，多存好情緒。
   4. 了解自己的價值傾向，並且學習與培養其他的價值觀，以便調整自己的人生方向。
   5. 認識到自己的信任能力，並學習加強這種能力。
   6. 由典範人物中學習如何開展自己的內在潛能。

2 總結

- 面對未來，我們的生活態度可以有兩個選擇：正成長或負成長。
- 「自我認識」不是一條容易的路，需要用心地去發覺，並且認真地去面對。
- 「自我認識」是一輩子的功課，也會左右自己一生的幸福感。
- 態度決定高度，「自我認識」能夠幫助自己調整態度，讓自己有能力與人相處，並且擁有勇氣來面對未來的任何挑戰。
- 期盼「自我認識」的課程能幫助同學奠定人際關係的基礎。
- 期許「自我認識」的課程能夠幫助自己重新界定、塑造、開發自己，許給自己一個不一樣的未來。

參考書目

【第一章　「人」的基本概念】

林火旺。《為生命找道理》。台北：天下雜誌，2010。

麥基卓、黃喚詳。魯宓譯。《健康花園》。台北：心靈工坊，2006。

傅佩榮。《拓展生命的深度與寬度》。台北：天下遠見，2006。

楊政學編著。《領導理論與實務—品德教育與倫理教育》。台北：新文京，2010。

劉清彥。《閱讀裡的生命教育》。台北：天下雜誌，2012。

【第二章　統整的生命態度】

李開復。《做21世紀的人才》。台中：聯經出版社，2006。

李碧圓。《天地人共舞》。台北：光啟文化事業，2007。

黃孝光等。《全人教育面面觀—理念與思維》。台北：心理出版社，2011。

【第三章　自我認識的開始：生命溯源（1）家譜】

心理研究小組主編。《認識自己》。台北：新潮社文化事業有限公司，2010。

丹尼爾．凱斯。小知堂編譯組譯。《24個比利》。台北：小知堂文化，2001。

李開復。《做21世紀的人才》。台中：聯經出版社，2006。

弗洛倫斯．妮蒂雅。江雅苓譯。《性格塑身》。台北：新自然主義，1999。

利奧．巴士卡力。簡宛譯。《愛．生活與學習》。台北：書評書目出版社，1984。

紐曼、柏柯魏茲。翁霓編譯。《自我認識．自我負責》。台北：頂淵文化，1992。

【第四章　自我認識的開始：生命溯源（2）家族動力與我】

伯特．海寧格。林逸柔等譯。《在愛中昇華》。台北：海寧格管理顧問有限公司/國際系統排列學院，2011。

伯特．海寧格。霍寶蓮譯。《愛的序位》，台北：商周出版，2008。

伯特．海寧格、谷紳．韋伯、韓特．包曼。周鼎文譯。《家族星座治療》。台北：張老師文化，2008。

周鼎文。《愛與和解：華人家庭的系統排列故事》。台北：心靈工坊，2015。

周志建。《跟家庭的傷說再見》。台北：方智，2016。

許皓宜。《即使家庭會傷人，愛依然存在》。台北：如何，2017。

瑪達蓮娜．伯格納、古倫神父。鄭玉英譯。《家庭是人生的冒險》。台北：南與北文化，2008。

【第五章　我的生命成長樹】

伯特．海寧格。葉勁廷譯。《內在之旅》。台北：海寧格管理顧問有限公司，2011。

蔡璧名。《勇於不敢，愛而無傷》。台北：天下雜誌，2018。

瑪莉安．法蘭克。董小玲譯。《當我們同在一起》。台北：道石文化出版有限公司，2013。

【第六章　生命中的光與暗】

大衛．里秋。《與過去和好》。台北：啟示，2012。

尼爾．帕斯瑞查。《快樂是可以練習的》。台北：春天，2018。

伊雅娜．范贊特。汪芸譯。《有一天我的心就這麼打開了》。台北：天下文化，1990。

克里斯多夫．傑米森。鄭嘉　譯。《淨心》。商周，2009。

瑪莎．納思邦。《憤怒與寬恕》。台北：商周，2017。

黃之盈。《看不見的傷，更痛》。台北：寶瓶文化，2017。

【第七章　我的生命特質（1）我的愛好】

松島修。蔡昭儀譯。《藏在聖經中的人生突破法則》。台北：先覺，2012。

張鴻玉。《活出無限可能的自己》。台北：商周，2012。

黎艾理。李永成等翻譯團隊譯。《活出生命特質》。台北：道聲，2007。

【第八章　我的生命特質（2）我的優缺點】

松島修。蔡昭儀譯。《藏在聖經中的人生突破法則》。台北：先覺，2012。

張鴻玉。《活出無限可能的自己》。台北：商周，2012。

黎艾理。李永成等翻譯團隊譯。《活出生命特質》。台北：道聲，2007。

【第九章　我的生命特質（3）我的人格特質】

松島修。蔡昭儀譯。《藏在聖經中的人生突破法則》。台北：先覺，2012。

張鴻玉。《活出無限可能的自己》。台北：商周，2012。

黎艾理。李永成等翻譯團隊譯。《活出生命特質》。台北：道聲，2007。

【第十章　我的喜樂與哀愁：認識我的情緒】

王宏哲。《王宏哲情緒桌遊書》。台北：方智，2018。

西多昌規。《情緒鬆綁》。台北：今周刊，2017。

伊賀列阿卡拉·修·藍、KR，劉滌昭譯，《內在小孩》。台北：方智出版社，2011。

周慕姿。《關係黑洞》。台北：商周，2018。

林瑪竇、林丹尼斯。朱怡康譯。《智鈺生命的創傷》。台北：啟示，2012。

吳若權。《寬恕是療癒的開始》。台北：英屬維京群島商高寶國際，2012。

亞伯·艾里斯。廣梅芳譯。《別跟情緒過不去》。台北：張老師文化，2002。

許皓宜。《情緒陰影》。台北：遠流，2018。

許瑞云。《走出傷痛。破繭重生》。台北：天下生活，2017。

莎蒂絲·艾娃、湯瑪斯·史敦吉。《寬宥之南》。台北：遠流，2018。

圖圖大主教、默福·圖圖。祈怡瑋譯。《寬恕》。台北：啟示，2015。

教宗若望保祿二世。鍾岩、韓清平譯。《如何去愛》。台北：啟示，2007。

羅伯・恩萊特。黃世琤譯。《寬恕一選擇幸福的人生》。台北：道聲出版社，2008。

蘇珊・大衛。《情緒靈敏力》。台北：天下文化，2017。

【第十一章　認識我的內在世界（1）：聆聽內在的聲音】

伯特・海寧格。葉勁廷譯。《內在之旅》。台北：海寧格管理顧問有限公司，2011。

悠露洋子。張凌虛譯。《喚醒內心力量的NLP心理學》。新北市：世茂出版有限公司，2012。

【第十二章　認識我的內在世界（2）：我的價值觀】

伯特・海寧格。葉勁廷譯。《內在之旅》。台北：海寧格管理顧問有限公司，2011。

柯諾邁雅、凱特勒。上智文化事業譯。《愛的光芒》。台北：上智文化事業，2016。

凱倫・阿姆斯壯。趙恬儀、李佳陵譯。《愛人如己一改變世界的十二堂課》。台北：張老師文化，2014。

【第十三章　認識我的信任能力】

伯特・海寧格。葉勁廷譯。《內在之旅》。台北：海寧格管理顧問有限公司，2011。

葉重新。《心理學》。台北：心理出版社，2011。

【第十四章　認識我的內在潛力】

約翰・麥斯威爾。甘張梅君譯。《轉敗為勝》。台北：道聲，2009。

理查・班德勒。陳孟儒譯。《自我轉變的驚人秘密》。台北：方智，2012。

黎昕。《啟動前能，超越自我》。新北市：富易圖書，2011。

【第十五章　總結】

布芮尼・布朗。洪慧芳譯。《脆弱的力量》。台北：馬可孛羅文化，2013。

麥克・辛格。《覺醒的你》。台北：方智，2018。

謝明杰。《懂你自己，才能做你自己》。台北：商周出版，2018。

嚴長壽。《你就是改變的起點》。台北：遠見天下文化出版股份有限公司，2014。

我的筆記

我的筆記

我們與自己的距離

如何認識你自己

作　　者　韓玲玲
編　　輯　安卡斯
封面設計　林書玉
製程管理　洪巧玲
製　　作　深思文化
出　　版　寂天文化事業股份有限公司
發 行 人　黃朝萍
電　　話　+886-(0)2-2365-9739
傳　　真　+886-(0)2-2365-9835
網　　址　www.icosmos.com.tw
讀者服務　onlineservice@icosmos.com.tw
出版日期　2023 年 8 月　初版再刷（200103）
郵撥帳號　1998620-0　寂天文化事業股份有限公司
訂書金額未滿 1000 元，請外加運費 100 元。

國家圖書館出版品預行編目資料

我們與自己的距離：如何認識你自己 /
韓玲玲著．-- 初版 -- [臺北市]：
寂天文化, 2019.7　面；　公分

ISBN　978-986-318-821-6（20K 平裝）

1. 自我實現　2. 生活指導

177.2　　108010860